États religieux plutôt qu'États-nations : Choix de l'Occident pour l'Orient et le Moyen-Orient à partir de la Grande Guerre

Exemples : Turquie, Inde-Pakistan, Israël

Anne-Marie Chartier

États religieux plutôt qu'États-nations : Choix de l'Occident pour l'Orient et le Moyen-Orient à partir de la Grande Guerre

Exemples : Turquie, Inde-Pakistan, Israël

Essai

Du même auteur :

Romans

Autour du Professeur Poliakoff, Brumerge 2016 ;
Piano à quatre mains, Brumerge 2019 ;
La balançoire, BoD 2022.

Poèmes

Révoltes intimes, Brumerge, 2020.

Recueil de textes

Pains perdus, BoD, 2024.

© 2025 Anne-Marie Chartier

Édition : BoD · Books on Demand, 31 avenue Saint-Rémy, 57600 Forbach,
bod@bod.fr
Impression : Libri Plureos GmbH, Friedensallee 273, 22763 Hamburg
(Allemagne)

ISBN : 978-2-3225-7094-2
Dépôt légal : mars 2025

À mes enfants et mes beaux-enfants

Estève, Nathalie, Éric, Marie-Thérèse et Bruno

> « ...la guerre, fatalité de l'Europe, peste de l'humanité,
> la honte de notre siècle... »

Ernst Toller, juif allemand, en 1919
Ancien spartakiste, il se suicide en 1939 à New York

Hommages

- Yara El-Ghadban, romancière et anthropologue
d'origine palestinienne, texte magnifique, 9 septembre 2024

- Omer Bartov, historien juif américain, pour ses divers écrits
de 2024

- Elias Khoury, écrivain libanais, mort le 15 septembre 2024
auteur du merveilleux roman *La Porte du Soleil* 2003

SOMMAIRE

Avant-propos p. 15
Préface p. 17
Introduction p. 21

PREMIÈRE PARTIE
Quand l'Europe a avalisé la création de l'État religieux turc. La question turque p. 25

Chapitre I
Les peuples de l'Empire ottoman en grande méfiance vis-à-vis des puissances européennes à la veille de la Première Guerre mondiale p. 29

Chapitre II
Les « trahisons » des grandes puissances dans la guerre : Sykes-Picot (mai 2016) ; Balfour (novembre 1917) p. 39

Chapitre III
L'élaboration progressive du traité de Sèvres du 10 août 1920 p. 45

Chapitre IV
Qu'attendre de la révolution russe et du pouvoir bolchevique pour les peuples du Moyen-Orient ? p. 55

Chapitre V
Le refus du traité de Sèvres par les Turcs
La guerre pour l'indépendance turque
(mai 1919 à octobre 1922) p. 63

Chapitre VI
Le traité de Lausanne du 24 juillet 1923 p. 69

DEUXIÈME PARTIE
**Quand la Grande-Bretagne a accepté la création de
l'État religieux pakistanais, contre l'unité de l'Inde** p. 81

Chapitre VII
La colonisation britannique en Inde
La construction de la « minorité musulmane » p. 83

Chapitre VIII
La Grande-Bretagne pose le principe de la partition en 1905 ;
Vers la partition de 1947 p. 97

TROISIEME PARTIE
**Quand la Grande-Bretagne créa avec l'Occident
l'État religieux israélien**

(Quand l'Occident a privilégié les Écritures à la démocratie) p. 107

Chapitre IX
La Grande-Bretagne au secours
du sionisme en Palestine
La théorie de Herzl, le foyer juif de Balfour p. 111

Chapitre X
La Palestine sous le mandat anglais p. 123

Chapitre XI
Les émeutes de 1921 et les communistes juifs
de Palestine p. 137

Chapitre XII
La généralisation des émeutes : vers la partition de 1947 p. 151

CONCLUSION p. 161

Appel de l'auteur p. 173
Annexes p. 175
Bibliographie p. 187
Remerciements p. 193

Pour mémoire quelques dates essentielles :

(pour la partie la plus difficile de notre travail)

Mouvement Tanzimat : 1839 à 1878
Naissance du Comité Union et Progrès (CUP) dans l'Empire ottoman : 1907
Soulèvement populaire dans l'Empire : 1908
Majorité CUP au Parlement : 1908
Coup d'État militaire du CUP, turquification : 1913
L'empire entre en guerre aux côtés de l'Allemagne : 1914
Mustafa Kémal au front. Défaite de la Grande-Bretagne (Dardanelles) 1915
Génocide Arménie 1915
Accords secrets Sykes-Picot : mai 1916
Déclaration de Balfour : novembre 1917
Reddition de l'Allemagne, 13 octobre 1918
(le CUP quitte le pouvoir)
Armistice de Moudros le 30 octobre 1918
Création de la Société des Nations le 8 avril 1919
Guerre nationaliste de la Turquie : mai 1919 à octobre 1922
San Remo : avril 1920
Traité de Sèvres : 10 août 1920
Congrès des peuples d'Orient : septembre 1920
Armistice entre Turquie et Grande-Bretagne : 11 octobre 1922
Traité de Lausanne : 24 juillet 1923
République turque fondée le 20 octobre 1923
(Mustapha Kémal prend le pouvoir en Turquie et démet le sultan).

AVANT - PROPOS

Les difficultés d'édition d'un tel travail.

Les recherches que nous avons faites à partir de la Grande Guerre, sur l'avenir des États-nations, ont mis à mal certaines affirmations qui font encore consensus chez de nombreux intellectuels, entre autres dans le milieu universitaire. Le « politiquement correct » sur des points qui fondent la doxa officielle, est difficile à contredire. Et vaut rejet de ce qui ne lui est pas conforme.

Nous citerons deux exemples qui illustrent ce « politiquement correct ».

Le premier a trait à la nature religieuse d'Israël qui a été niée par la « Vulgate » pour des raisons de consensus politique. C'est ainsi qu'on a pu lire sous la plume de Michaël Walzer, philosophe connu, d'origine juive, dans *le Monde* du 24 décembre 2024, qu'Israël serait né comme État laïc en 1948 et se serait hélas transformé ces derniers temps en État religieux... Or Israël est né, dans la déclaration de constitution d'Israël par Ben Gourion en 1948, comme État juif fondé sur la bible (cf. notre dernier chapitre). Cette inexactitude grossière n'a pas fait l'objet d'un droit de réponse, malgré notre demande.

De la même façon, Israël n'est pas né des suites de la Shoah, mais de la demande sioniste de Lord Balfour en 1917 d'un Foyer juif en Palestine, demande accréditée par la Grande-Bretagne qui est acquise au partage de la Palestine dès avant son mandat sur ce pays, mandat validé par le Traité de Lausanne de 1923. Les sionistes depuis Herzl avaient fait du retour à « Sion » une exigence. Sion étant le symbole du pays des Hébreux dans la bible.

Le deuxième exemple concerne l'origine de l'islamisme. Nous doutons du point de vue majoritaire des historiens les plus en vue sur cette origine. Celle-ci est analysée comme une excroissance intégriste particulière à l'Islam, due au refus de la rénovation de cette religion spéciale, par ses adeptes et ses théologiens.

Or il nous est apparu que la recherche désespérée de l'unité du peuple turc pour imposer son indépendance face à la Grande-Bretagne en 1919, a conduit les combattants turcs, dont Mustapha Kémal, à se saisir et instrumentaliser le « panislamisme » à des fins qui n'étaient pas son objet primitif. En effet, le panislamisme d'abord un mouvement philosophique de renaissance musulmane pour tous les musulmans, devint dans l'Empire ottoman, un mouvement de libération des musulmans de toute forme de colonisation. Les combattants turcs se le sont ensuite approprié comme idéologie de résistance et de combat qu'ils ont opposée à la Grande-Bretagne. La victoire des Turcs a abouti à la création d'un État religieux qui malgré son « évolution officielle », de pure forme, vers la laïcité, a gardé ses traits originels. Et dès lors, le panislamisme, idéologie de combat multiforme, anti-occidental, anti-impérialiste, en rencontrant l'intégrisme (dérive de toute religion), devint « l'islamisme », version obscurantiste du régime des mollahs iranien par exemple. Les dictateurs du Moyen-Orient qui s'en sont emparés ont dénaturé l'Islam, originellement ouvert et tolérant. Mais beaucoup reste à dire sur ce sujet.

Le chemin difficile de la Recherche vers une approche de la Vérité historique est encombré par les doxas officielles et la violence dans les rapports de force. Il en va ainsi.

Anne-Marie Chartier

20 janvier 2025

PRÉFACE

Pourquoi ce livre ? Commencé en 2016, il se proposait d'éclairer les raisons du chaos en Orient et au Moyen-Orient à partir du dépeçage de l'Empire ottoman, puis des traités dits de paix de la Grande Guerre. Les évènements tragiques de la dernière décennie nous confortèrent dans l'idée qu'il convenait de terminer ce travail. Puis les évènements terribles du 7 octobre 2023 précipitèrent son achèvement. En effet ils confirmaient dramatiquement comment les péripéties qui suivirent « le traité de paix » de 1923, avaient pu engendrer ce désastre civilisationnel.

Selon nous, la maltraitance en continu des nations issues de l'Empire ottoman et de l'Inde, colonie anglaise, avant et pendant la Première Guerre mondiale, puis les traités dits de paix qui suivirent, avaient jeté les bases d'une terrible violence anticoloniale, au sein de nations qui ne purent, de ce fait, jamais prétendre au modèle occidental de l'État Nation avec son corollaire, la démocratie, même balbutiante.

Déjà, pour se construire contre la Grande-Bretagne, la Turquie avait fait appel au panislamisme, lequel conforta, par des canaux divers, un anticolonialisme durable, alimenté jusqu'à nos jours, par une arrogance occidentale qui trouva sa consécration absolue dans Israël.

Les historiens à venir ont encore à faire des recherches à ce sujet.

C'est l'émotion et la stupeur qui justifièrent les premières analyses des évènements effrayants du 7 octobre 2023, et non la raison s'appuyant sur l'histoire de l'Orient et du Moyen-Orient.

En effet ces évènements furent présentés, selon les critères actuels du « terrorisme intellectuel » occidental, comme un évènement exceptionnel, unique en son genre, antisémite, qui devait être attribué à un islamisme terroriste, en éludant toute responsabilité occidentale dans l'origine, le cheminement et l'aboutissement d'un processus qui conduisit à l'explosion du Ghetto de Gaza, dirigée par le Hamas.

Nous venions pourtant d'assister à d'affreux contrecoups de l'occupation israélienne, après trois guerres israélo-arabes, deux intifadas, trois guerres du Golfe, le blocus de Gaza depuis 2007, des milliers de morts du côté palestinien... Omer Bartov, historien israélien, l'un des meilleurs commentateurs de ces évènements écrivit ceci : « ...Cette normalisation de l'occupation s'est accompagnée de la diabolisation de la résistance, **de la lente plongée de l'oppresseur et de l'opprimé dans la barbarie, et de l'exacerbation de la corruption morale résultant inévitablement d'un régime colonial** » (Article p. 8 du Monde du 8 octobre 2024).

Omer Bartov a écrit en outre en août 2024 le texte le plus douloureux et exceptionnel qui soit, sur les effets de la barbarie quand elle formate l'âme humaine (cf. Conclusion générale).

Omer Bartov est un historien contemporain, professeur d'histoire européenne et de germanistique à l'université Brown, aux États-Unis. Il s'est spécialisé dans l'étude de la Shoah, notamment à propos du rôle de la Wehrmacht dans les territoires de l'Est. Son essai sur *L'Armée d'Hitler*, traduit en français en 1999, fait figure d'ouvrage de référence.

Tandis que les nations européennes avaient construit des États-nations fondés sur des Constitutions exigeant la séparation du politique et du religieux, la recherche de la démocratie, l'égalité de tous les citoyens, la liberté des cultes... elles orientèrent à l'inverse les pays colonisés, après la Première Guerre mondiale, vers un retour en arrière, c'est-à-dire l'imbrication du politique et du religieux dans les États de ces derniers. Cette imbrication s'installa en force au moment de la partition de l'Inde et dans les pays du Moyen-Orient.

Nous vîmes donc dans l'intervention criminelle du Hamas du 7 octobre 2023, la conséquence de l'écrasement des revendications nationales des peuples du Moyen-Orient depuis trop longtemps, et de la création d'États religieux, entre autres l'État d'Israël, tandis qu'un peuple entier était voué à la déshérence, les Palestiniens.

Le Hamas, partie prenante des combats palestiniens, n'est pas un ennemi tombé du ciel, il est la suite logique du « turquisme », issu du panislamisme, qui devint une arme de guerre, puis une idéologie obscurantiste.

La révolution russe de 1917 qui avait tant promis aux peuples, ne s'est pas impliquée directement dans la « paix » de 1923, et n'a pas changé la face du monde, comme elle s'y était obligée, mais la Russie

« soviétisée » (après l'intégration des soviets en organes d'État) s'est intégrée dans la suite ininterrompue des dictatures, et des pires dictatures.

Lénine n'a pas eu le temps de porter un jugement là-dessus, mais l'aurait-il fait s'il n'était mort en 1924 ?

D'où notre problématique : revenir à la genèse de cette terrible évolution, celle qui a conduit à la création et au développement d'États ethnoreligieux ou religieux, portant en eux les germes de la guerre civile et de l'ethnocide, tels que nous le voyons aujourd'hui. Le traité de Lausanne de 1923 ayant avalisé cette évolution.

Mais il nous faut d'abord comprendre les enjeux de la question d'Orient, du point de vue des nations colonisatrices, lors de la Première Guerre mondiale, pour saisir cette dérive.

INTRODUCTION

Comment se présente la question d'Orient au moment de la Première Guerre mondiale ?
Comment la stratégie coloniale va-t-elle la rendre explosive ?
Comment une idéologie ethnoreligieuse va-t-elle en émerger ?
Comment l'Europe puis l'Occident vont-ils utiliser cette idéologie ?
Vers quels désastres successifs, le chemin qui la porte, de la Première à la Seconde Guerre mondiale, nous emmène-t-il ?
Tel est l'objet de cet essai.

Au XVIIIe et XIXe siècle, la Grande-Bretagne est la plus grande puissance coloniale avec la France, avant la Hollande, le Portugal, l'Espagne…
Lisons ce qui suit avec une carte sous les yeux :

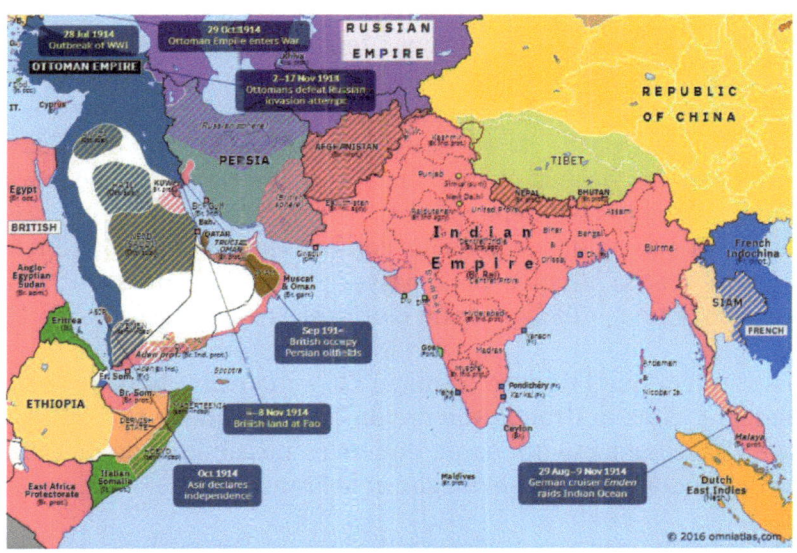

Source : omniatlas.com
© Rick Westera

Lors de la Première Guerre mondiale (1914-1918), une partie des intérêts de la Grande-Bretagne se trouvait en Extrême-Orient (l'Inde occupée en 1757 et devenue une colonie en 1858), et au Moyen-Orient (l'Égypte occupée en 1882 et colonisée en 1914, puis le Soudan colonisé en 1896).

Avant 1757, lorsque la Grande-Bretagne ne possédait encore que des comptoirs en Inde, elle cherchait déjà des voies de communication autres que par la mer, vers l'Europe, par le nord-ouest à travers des contrées qui restaient à conquérir. Elle tenta sa chance en Afghanistan, mais elle y subit un grave échec, et se fit refouler par les peuples « Pachtouns ». Il lui fallait également avoir le champ libre en Mer Caspienne puis en Mer Noire. Donc de bonnes relations avec la Russie tsariste et la Turquie devaient se nouer.

Elle chercha également un peu plus au sud une voie de passage, et rencontra l'Empire ottoman et la Perse.

La Grande-Bretagne comprit qu'il lui fallait dompter habilement la région. Après avoir obtenu en 1909 une concession dans le pétrole en Perse avec l'Anglo Persian Oil Company, elle obtint avec la Deutsche Bank (DB) un accord de participation financière dans la Banque turque (Empire ottoman) pour un partenariat sur des champs pétrolifères irakiens en 1911. La DB y avait déjà obtenu la construction d'une voie ferrée.

La Grande-Bretagne prospecta également le pétrole en Arabie plus au sud, toujours partie de l'Empire ottoman. Elle noua des relations étroites avec les Arabes et leur promit un soutien pour une Grande Nation arabe en cas d'indépendance.

Toujours en vue de ses intérêts commerciaux, il lui fallait bien sûr s'entendre avec la Turquie pour passer par le Golfe persique, et maîtriser la Palestine et l'Égypte, afin d'utiliser Suez, et accéder à la Méditerranée...

Il se trouva que l'Empire ottoman fit le mauvais choix de s'allier à l'Allemagne dans la Grande Guerre de 14-18, laquelle fut vaincue. La défaite de l'Allemagne donna de nouvelles possibilités de domination considérables à la Grande-Bretagne et la France.

Restait la Russie, partie prenante de la guerre, qui pouvait empêcher la Grande-Bretagne d'arriver à ses fins. Mais celle-là fut saisie, en pleine guerre, par une révolution sociale qui l'isola relativement dans des conflits intérieurs de 1917 à 1921. La Russie négocia une paix séparée avec l'Allemagne en 1918, puis s'allia plus tard avec elle contre la Grande-Bretagne dans le traité de Rapallo de 1922 (Note en Annexe).

Son premier souci fut de protéger sa frontière sud contre les indépendantistes de la Russie tsariste défunte, et les ex-belligérants de la Grande Guerre dont la Grande-Bretagne. Dans ce cadre elle arma la Turquie pour aider à satisfaire son indépendance, comme caution de la solidité de leur frontière commune, et dans une alliance avec elle contre la Grande-Bretagne.

La Russie révolutionnaire aurait pu répandre le feu de la révolution paysanne dans l'ancien Empire ottoman contre tous les propriétaires terriens des pays limitrophes, et contre tous les prétendants à leur colonisation aux frontières, **mais ne le fit pas**.

Elle protégea de fait le nationalisme turc. Elle n'adhéra pas au panarabisme, mais le laissa prospérer.

Dans son face-à-face avec l'extension de la domination coloniale européenne en cours, elle garda ses distances en limitant le développement révolutionnaire, tout en prétendant le contraire. Fragile équilibre.

De la même façon, la Russie condamna le sionisme violemment sur son territoire, en attisant la question juive, mais « expédia » les sionistes en Palestine, dont la Grande-Bretagne fit bon usage. Elle interdira quasiment, de fait, avec la Grande-Bretagne, aux communistes juifs de Palestine de trouver une issue démocratique pour ce pays.

C'est ainsi que se présentait la question d'Orient au moment de la Grande Guerre et dans les années qui suivirent, quand il fallut après Versailles façonner l'Orient et le Moyen-Orient sous la domination coloniale.

Cela explique l'importance des sujets abordés dans ce travail, sur lesquels nous ne prétendons pas tout dire loin de là (de nombreux points d'histoire restent en suspens), de l'Empire ottoman jusqu'à son partage, jusqu'aux traités qui ont façonné ce dernier, en passant par l'Inde, pour aboutir à la Palestine. Toujours en considérant l'intérêt presque exclusif de la Grande-Bretagne, la plus grande puissance coloniale.

C'est la raison pour laquelle nous proposons trois parties.

La première sur l'acquiescement de l'Europe à la création de l'État ethnoreligieux ou religieux turc.

La deuxième sur la contribution de la Grande-Bretagne à la création de l'État religieux pakistanais, contre l'unité de l'Inde.

La troisième sur la création de l'État israélien fondé sur la bible, avec l'aide principale de la Grande-Bretagne, l'accord de l'URSS et celui de l'Occident.

Mais avant de commencer, nous avons à faire une remarque importante sur le fait que la déclaration de Balfour de 1917, qui se présentait comme un appui au mandat désiré de la Grande-Bretagne sur la Palestine, mit soudain la **question juive** au centre de celle du Proche-Orient sous une forme erronée et dangereuse. De ce fait nous l'évoquerons souvent et nous l'étudierons en tant que telle dans la troisième partie en notant la responsabilité de l'Occident de n'en avoir pas fait une discussion de fond à traiter sur le plan international, en vue d'une législation incontournable, au moment de la Première Guerre mondiale.

PREMIÈRE PARTIE

Quand l'**Europe** a avalisé la création de l'État ethnoreligieux turc.
La question turque

Introduction

État religieux ou ethnoreligieux ? Le terme ethnoreligieux se justifie en principe quand l'État érige la religion en « ethnie » en vue d'en faire un instrument de dictature, souvent suite à un combat politique où la religion a été instrumentalisée comme moyen de combat.

L'État nationaliste turc à vocation autoritaire s'imposa comme État ethnoreligieux en empruntant la religion comme identité ethnique contre le colonisateur, et par suite contre les minorités.

Nous utiliserons indifféremment l'un ou l'autre terme, réduits à vouloir dire pratiquement la même chose dans le contexte qui suit, puisque la religion n'est pas considérée par les protagonistes comme étant indépendante de la chose politique. Les belligérants de la Grande Guerre l'ont voulu ainsi, en permettant ou en créant eux-mêmes de toutes pièces des États religieux, à partir de dites « bases ethniques », musulmanes ou juives.

La Grande-Bretagne acquiesça à l'indépendance de la Turquie (après une nouvelle guerre de mai 1919 à octobre 1922), entérina son nationalisme religieux (le turquisme), lequel lui donna probablement une nouvelle clef pour générer, puis gérer, les conflits entre populations avec l'adage « Diviser pour régner », entre autres l'idéologie de la « minorité musulmane », autre forme dévoyée de nationalisme religieux.

C'est en tant que nations dominantes, que la Grande-Bretagne et la France produisirent, après Versailles, le traité de Lausanne de 1923, lequel valida des orientations riches en perspective de nouvelles guerres, de partitions de nations, de guerres civiles...

Nous partons de l'hypothèse forte que le traité de Lausanne de 1923, faisant suite à la guerre de 1914-18, sur les questions du Moyen-Orient et de l'Orient, fut aussi nocif pour ces derniers que le fut le traité de Versailles de 1918 pour l'Europe et le monde. L'économiste anglais Keynes avait écrit dès 1919 sur les suites funestes inévitables du traité de Versailles pour l'Allemagne et L'Europe. Ce traité visant à ruiner l'Allemagne devait, selon lui, susciter de terribles revanchards dont nul ne savait encore ce qu'ils seraient.

La Grande-Bretagne jouera un rôle décisif dans les attendus du traité de Lausanne qui portait déjà en lui un chaos prévisible dans l'histoire à venir du Moyen-Orient.
Le dépeçage de l'Empire ottoman faisait partie des désirs des nations européennes colonisatrices, mais la guerre le rendit possible au motif que celui-là s'était mis du côté de l'Allemagne dans la guerre.

L'empire austro-hongrois fut également dépecé au mépris de ses nationalités, mais celles-ci ne subirent pas une nouvelle colonisation. La Grande-Bretagne reconstruisit avec l'aval de la France, contre les désirs nationalistes des populations de l'Empire ottoman, des « portions» de nations, en divisant ce qui devait être le Kurdistan en quatre morceaux attribués à des provinces, la Turquie, l'Iran, l'Irak, la Syrie. Ces provinces furent mises sous mandat anglais et français : l'Irak, la Syrie, l'Arabie, la Transjordanie issue de la Syrie, le Liban. Elles luttèrent âprement pour leur indépendance.
La Palestine, détachée de la Syrie, eut un sort particulier. Également province sous mandat, la Grande-Bretagne lui interdit de fait (avec l'aide de l'URSS) de devenir une nation pouvant unir Arabes et Juifs, lesquels dans l'histoire avaient presque toujours vécu en bonne entente (en Espagne, au Maghreb, en Palestine, dans l'Empire ottoman...). Elle utilisa un savoir-faire, qu'elle avait acquis en Inde depuis le XVIIIe siècle, et en Turquie, en y imposant une partition, pour permettre la création d'Israël, en vue « de régler » la question juive et d'exploiter le pétrole à son aise au Moyen-Orient, et de garder le contrôle de la route des Indes vers l'Europe par Suez.

Des historiens virent clairement cette évolution (*comme Alban Dignat, Henry Laurens, références dans le texte à venir*), ainsi que l'écrivain libanais Georges Corm mort en août 2024. Ce dernier dénonça en 1983 dans « *Le Proche Orient éclaté* », le rôle des impérialismes occidentaux dans la « balkanisation » du Proche-Orient sur des critères ethniques et confessionnels.

De même l'analyse du libanais Amin Maalouf de 2019 nous conforta dans cette vision avec son livre « *Le naufrage des civilisations* ». Il y constatait avec désespoir que les frontières imposées par la France et la Grande-Bretagne aux populations après la défaite de l'Empire ottoman, avaient permis entre autres à ces dernières d'imposer aux peuples des exigences bien plus violentes que celles du Sultan (p 89 et suivantes…).

Chapitre I

Les peuples de l'Empire ottoman en grande méfiance vis-à-vis des puissances européennes à la veille de la Première Guerre mondiale.

L'Empire ottoman à la veille de la Première Guerre mondiale comprenait l'Irak et la Syrie (provinces arabes dont la Palestine et la Transjordanie), la Turquie (dont l'Arménie), les provinces arabes de l'Arabie (le sultan est considéré comme le gardien des lieux saints de l'islam tels que La Mecque, Médine), le nord de la Grèce et Thessalonique, ce qu'on appelle aujourd'hui la Macédoine, la Bulgarie.

Ces nations en devenir sont encore des provinces. On y trouvait des peuples très différents comme des **Arabes, des Grecs, des Hongrois, des Persans, des Slaves, des Kurdes, des Arméniens ou des Turcs**, à qui il n'était pas imposé de rejoindre l'Islam.

L'Empire ne comprend plus l'Égypte et le Soudan.

L'Égypte avait été conquise en 1517 avec la Syrie et la Palestine. Du fait de l'affaiblissement de l'autorité de l'Empire ottoman, l'Égypte était devenue quasiment autonome en 1803, mais devait payer un tribut à l'empire, puis devint quasiment indépendante entre 1830 et 1840 en demeurant dans un rapport de vassalité, sous le pouvoir du vice-roi Méhémet Ali. La Grande-Bretagne occupa militairement l'Égypte en 1882 et en fera un protectorat en 1914.

Le Soudan devint ottoman en 1820, conquis par l'Égypte au profit de l'Empire. Il se révolta contre l'Égypte en 1885, selon une histoire fort intéressante, ce qui déplut fortement à la Grande-Bretagne qui la conquit à son tour en 1896.

La Grande-Bretagne avait donc un œil vigilant sur l'Empire et anticipait un besoin de «sécuriser» la zone en raison de sa position stratégique sur la route de l'Inde coloniale. De la même façon, elle convoitait l'Arabie. Cette nation-province de l'Empire était dirigée en 1902 par la famille Ibn Saoud. Abdelaziz Saoud, qui avait des ambitions, agrandit le territoire, et se fit reconnaître personnellement par l'Empire ottoman qui le nomma Wali en 1914... Mais les troupes hachémites de la

Mecque acceptèrent de s'allier aux troupes anglaises en 1915. La Grande-Bretagne se fit un allié d'Ibn Saoud et le laissa créer le Royaume d'Arabie saoudite en 1932.

L'Empire ottoman était-il condamné à être dépecé ? L'Empire ottoman avait une belle histoire. Il était historiquement lié à l'Inde par la culture indo-persane qui trouva son apogée sous l'Empire moghol, lorsque le chef Moghol Babur s'empara du sultanat de Delhi en 1526 grâce à l'aide des sultanats turcs et afghans.

La culture indo-persane reposait sur une communauté culturelle et économique qui allait de l'Inde à la Mésopotamie (au nord de la Perse, et au sud de la Turquie, l'actuelle Syrie) et occasionnait des échanges très importants dans le domaine du textile qui est une activité millénaire de la vallée de l'Indus et de sa région.

Tandis que la Grande-Bretagne ne voyait dans l'Empire que des pays à coloniser et des richesses à prendre, il y avait là une civilisation dont le riche passé pouvait disparaître à tout jamais lors de la mainmise occidentale qui s'annonçait. C'est hélas ce qui se produisit pour partie.

Les nations-provinces qui composaient l'Empire devaient-elles tomber sous le joug de la Grande-Bretagne ou de la France ? S'il n'existe aucun déterminisme à ce sujet, la Grande-Bretagne avait déjà bien placé ses intérêts coloniaux dans toute la région.

Les Turcs de l'Empire furent les premiers à avoir senti, à la fin du XIXe siècle, le danger qui pesait sur ce dernier, tant la duplicité de certains États européens leur paraissait évidente. Ce qui expliqua de leur part une crainte agressive et leur erreur stratégique d'alliance avec l'Allemagne.

Les États européens à la veille de la Première Guerre mondiale, parlaient, de leur propre point de vue de l'Empire ottoman comme de « L'homme malade » de l'Orient, dont ils pensaient officiellement qu'il ne pouvait pas évoluer vers un État moderne incluant les acquis européens comme l'exigence du droit et les organes formels de la démocratie. Si les puissances européennes semblaient parfois partagées sur cette question, elles étaient avant tout des puissances coloniales.

L'intelligentsia ottomane, elle, était fascinée par le modèle de démocratie et de « modernité » des États européens. Mustapha Kémal fut un bon exemple de cette fascination, car sa pensée s'inspirait de la Révolution française qu'il affectionnait. Mais en même temps, cette intelligentsia rejetait ces États européens pour leur rapacité coloniale, dont la Grande-Bretagne offrait un terrible exemple dans sa gestion de l'Inde toute proche, et sa présence en Égypte...

Les nations de l'Empire connaissaient donc les désirs de conquête de la Grande-Bretagne. Celle-ci était connue pour avoir tenté d'occuper l'Afghanistan en 1839. Elle se fit refouler très violemment par les Pachtouns que la Russie avait déjà tenté d'approcher (*La question Pachtoune* 2010. Rubrique « Afghanistan »[1]).

L'ambivalence des sentiments de l'intelligentsia turque de l'Empire ottoman vis-à-vis de la Grande-Bretagne fit qu'elle poussa donc le sultan à choisir de s'allier à l'Allemagne au moment de la guerre de 14-18. Funeste erreur qui influera probablement sur le système politique turc jusqu'à nos jours. Un système qui fut marqué dès l'origine par un nationalisme violent de type religieux, dans le but de résister au démembrement.

Pourtant, dès avant la guerre, l'intelligentsia ottomane envisageait des réformes et en convainquit le sultan. Il est intéressant de suivre quelque peu les contradictions des choix qui furent faits et qui illustrent l'ambivalence évoquée.

1) Le mouvement Tanzimat.

Entre 1839 à 1878, un mouvement de réforme et de modernisation, dit Tanzimat (« réorganisation » en arabe) (cf. Wikipédia sur Tanzimat), secoua l'Empire.

Ces réformes Tanzimat venaient à la fois d'hommes politiques de l'Empire, d'intellectuels issus de la classe marchande, de certains religieux, d'officiers turcs, mais surtout des pressions de la France et de la Grande-Bretagne qui voulaient davantage commercer avec l'Empire et désiraient le voir s'ouvrir.

Ces réformes apparaissaient indispensables pour la survie de l'Empire. La corruption y était en effet endémique, le conservatisme

---

[1] Site marx21siecle.com

religieux nuisait au commerce et profitait davantage aux chrétiens de l'Empire qu'aux musulmans. L'armée était mal entraînée et manquait d'armes modernes, ce qui fera perdre la Crimée à l'Empire. En effet, la Russie profita de ses faiblesses pour l'attaquer entre 1853 et 1856, pendant le Tanzimat. Les Occidentaux avaient pressé l'Empire de faire des réformes.

Le sultan qui cherchait une issue, se rendit aux arguments des réformateurs, d'autant qu'en plus, en 1840 le vice-roi d'Égypte Méhémet Ali se révolta et obtint une quasi-indépendance que la Grande-Bretagne lui garantit ! Celle-ci était donc à la manœuvre.

Tanzimat se présentait donc comme la dernière chance pour échapper aux ennemis de toutes sortes, et aurait pu dans ces circonstances devenir le ciment d'une vraie nation ottomane composée de plusieurs peuples (des Turcs, des Arabes, des Grecs, des Serbes, des Kurdes, des Arméniens, des Moghols, des Slaves, des Macédoniens) dont une grande partie était musulmane, une autre chrétienne (régime des capitulations), une minorité Yézidis, et une minorité juive venue d'Espagne après 1492, répandue dans tout l'Empire, à qui celui-ci avait donné un statut privilégié moyennant des impôts importants.

Fort de ces atouts, il ne manquait à l'Empire que la conscience de l'urgence à devenir une vraie nation, pluriethnique, et de se donner un État nouveau qui la préserve des dangers présents. La réussite de cette perspective eût été un évènement extraordinaire (une conscience extrême du danger ?) qui aurait poussé ces peuples vers une fédération étatique, mais aurait contrarié les visées colonialistes.

Une série de réformes, calquées sur le modèle européen, furent cependant imaginées. Elles modernisèrent les lois et les mœurs, et transformèrent profondément les institutions et la société ottomane. Cette période fut marquée par la volonté d'unifier le droit et la justice pour l'ensemble des citoyens. L'égalité de tous les Ottomans devant la loi avait été proclamée, ainsi que l'égalité des droits religieux, culturels et politiques des minorités, lesquels étaient déjà largement acquis... Mais les conservateurs faisaient mine de trouver leur application difficile.

À partir de 1840, de nombreux codes ont été rédigés. La fonction publique a été ouverte, de même que les écoles publiques, avec pour conséquence l'ouverture des métiers régaliens aux minorités, ce qui a plu aux Européens qui ont vu affluer des Grecs et des Arméniens dans les ambassades. Mais les établissements islamiques restèrent majoritaires dans l'enseignement primaire.

De même, il y eut la suppression de certains impôts indus, et la création de l'institution du service militaire pour tous. De nouveaux tribunaux, des cours d'appel, ont été constitués dans l'ensemble des territoires, mais en se basant sur les principes des écoles juridiques sunnites officielles afin de les rendre plus acceptables. Cela a abouti à la promulgation de la première Constitution ottomane en 1876 et à l'établissement d'un Parlement élu.

Mais le sultan était « travaillé » par des forces conservatrices et peut-être par des forces occidentales souterraines contraires. Si ce mouvement de réformes s'était maintenu et développé autour d'un sultan indépendant, à la hauteur de l'enjeu historique, et si les mesures égalitaires votées avaient été scrupuleusement appliquées et contrôlées, il aurait pu déboucher vers la constitution d'une fédération de nations sous l'autorité d'un même État.
Or ce mouvement finit par échouer pour partie. Il fit émerger des idées nationalistes et autonomistes divergentes au sein des divers peuples. En fait il eût fallu une très profonde volonté unitaire entre ces nations et une hauteur de vue à long terme des vrais enjeux, pour qu'ils mesurent l'intérêt d'aller fermement ensemble vers une seule nation. Mesurèrent-ils les dégâts et les dangers d'une séparation ? Ils n'eurent pas le leader nécessaire. Ainsi l'Arménie, alliée provisoire des officiers turcs, fit valoir ses droits à l'indépendance comme la Grèce, ce qui fut une erreur d'appréciation vis-à-vis des Turcs et vis-à-vis du soutien espéré des puissances occidentales.

Une fédération de Républiques relativement autonomes aurait mis en cause le sultanat et la considération qu'il se portait. Elle aurait aussi contrarié l'idée que les Turcs se faisaient de leur propre libération en tant que peuple dominant qui avait subi des siècles de domination violente de la part des agents de l'État du sultanat, les pachas.

Le nouveau sultan Abdul Hamid II eut peur de perdre sa légitimité et restitua ses pouvoirs autocratiques perdus en s'appuyant sur sa majorité turque qui n'avait jamais accepté l'égalité de fait entre les minorités. Il rompit avec le Tanzimat et rejeta le Parlement et la Constitution en février 1878. Sa politique devint encore plus violente envers les minorités. En 1895-96, 200 000 Arméniens furent tués dans des pogroms et des raids dans les localités arméniennes.

Dans ces circonstances, les peuples de l'Empire envisagèrent alors des demandes séparatistes, en particulier les Turcs, les Arméniens, les Arabes, les Kurdes... ce qui fit le miel des États européens belligérants.

Ce sont les « Jeunes-Turcs », les plus clairvoyants sur la situation, qui s'organisèrent et envisagèrent de reprendre la situation en main et de contester le pouvoir du sultan.

Ces développements un peu longs illustrent ce qu'il eût été possible de faire contre le discours conservateur, pour le bien des peuples de l'Empire.

2) Les « Jeunes-Turcs » prennent le pouvoir dans l'Empire ottoman à la veille de la guerre.

Les Jeunes-Turcs vont jouer un rôle décisif dans la guerre qui s'annonce et dans les traités « de paix » concernant le Moyen-Orient.

À la fin du XIXe siècle, après l'expérience réformiste dite Tanzimat, un groupe d'opposants au sultan Abdülhamid II a donné naissance en 1907 au Comité Union et Progrès (CUP), composé essentiellement de nationalistes turcs, dits les « Jeunes-Turcs » dont faisait partie Mustapha Kemal. Le CUP a reçu le soutien de nombreux mouvements représentants les minorités de l'Empire, y compris des mouvements indépendantistes ou autonomistes arméniens. Cependant, cette alliance de circonstance a trouvé sa limite dans une question cruciale, celle de la demande de création d'un État arménien indépendant, qui limitait les marges de manœuvre des Turcs.

En 1908, un soulèvement a eu lieu, à l'initiative des Jeunes-Turcs, qui a permis de rétablir la Constitution suspendue par le sultan en 1878, ainsi que le Parlement, et d'écarter le sultan du pouvoir. Des élections ont été organisées pour le Parlement et elles ont donné une majorité au CUP, qui comprenait des opposants arabes en plus des Turcs. Les communautés ont fraternisé. Des minorités sont entrées au parlement, mais l'unité était fragile. Un nouveau gouvernement a surgi. Ce gouvernement se disait résolument moderne au sens occidental, mais vivement opposé aux visées colonisatrices de l'Europe. La révolution des Jeunes-Turcs fut suivie d'une vague de liberté. Des mouvements d'émancipation de la femme s'allièrent aux ouvriers et manifestèrent dans la rue. On a cru à nouveau en la possibilité d'une réconciliation nationale et d'une régénération de l'empire. C'était la suite des réformes Tanzimat de 1839 à 1876 : la liberté de la presse fut restaurée et des travaux de modernisation reprirent. L'opinion internationale salua l'action des Jeunes-Turcs.

Le prestige du Comité d'Union et Progrès s'accrut et le nombre de ses membres augmenta, passant de 300 membres à 350 000 en quelques mois. La Grande-Bretagne qui avait saisi la perspicacité des Jeunes-Turcs quant à l'avenir, discuta avec les Arabes et leur promit un grand État arabe en cas de dislocation de l'Empire. Cette promesse éloigna les Arabes de la perspective de la régénération de l'Empire.

Sentant alors les risques d'effondrement de l'Empire, les diverses communautés réclamèrent bientôt leur indépendance et obtinrent le soutien formel des « démocraties occidentales », lesquelles, dans leur optique colonisatrice occupaient déjà le terrain, la France en Syrie et la Grande-Bretagne dans ce qui deviendra l'Irak, puis la Palestine.

3) Le virage « turquiste » du nationalisme « Jeunes-Turcs » à la veille de la guerre

Les Jeunes-Turcs savaient ce qui se tramait. Ils pensèrent alors ne pas pouvoir sauver l'Empire. Ils tentèrent de devenir une force incontestable au sein du gouvernement.

Le CUP au pouvoir effectua alors un renversement de stratégie et développa une idéologie nationaliste « turquiste » qui gagna l'élite ottomane, poussée par une aile radicale, en panturquisme (pureté ethnique turque). Les Jeunes-Turcs imposèrent une assimilation forcée aux différents peuples qui composaient l'Empire et passèrent d'un système impérial, multinational, multiethnique, pluriculturel, **à une idée de nation ethniquement pure.**

Victimes de ce nationalisme et du panturquisme, les Arméniens chrétiens, qui étaient une composante démographique importante de l'Empire, devinrent les ennemis de l'intérieur et un obstacle majeur à l'unification ethnique des Turcs en Anatolie, c'est-à-dire à leur expansion dans les pays de langue turque d'Asie centrale. Contre la « turquification », les Arabes se séparèrent des Turcs.

Les Jeunes-Turcs, avec Enver Pacha à leur tête, décidèrent de passer en force. Ils nommèrent le frère du sultan marginalisé, Mehmed V, comme sultan sans réel pouvoir.

Par un coup d'État en janvier 1913, le Comité Union et Progrès imposa **un parti unique** jusqu'à l'éclatement de l'Empire ottoman en 1918. Le CUP voulait dès lors une seule nation « ottomane » qui soit turque. L'expression des autres nationalités fut interdite et les communautés religieuses furent de plus en plus contrôlées. Les capitulations favorables aux minorités chrétiennes furent abolies.

Ce nationalisme turc fut très mal perçu par les notables arabes et réformistes musulmans. Il accentua le nationalisme arabe et la volonté d'autonomie des nationalistes arabes, et les poussa à se tourner davantage vers les puissances européennes afin de se libérer du joug turc. Les propositions de la Grande-Bretagne pour une grande nation arabe avaient porté leurs fruits !

Les mouvements indépendantistes internes à l'Empire cessèrent d'apporter au CUP leur soutien et cherchèrent alors à nouer d'autres alliances dans la région, notamment auprès des Russes.

En 1914, les « Jeunes-Turcs » poussèrent ainsi le sultan à entrer en guerre aux côtés de l'Allemagne, car leur objectif premier était de se débarrasser de la domination des puissances européennes (Grande-Bretagne, France), et secondairement des autonomismes locaux, entre autres des nationalistes arabes qui revendiquaient leur indépendance, puis des Kurdes, des Grecs et des Arméniens qui voulaient un État.

Mustapha Kémal, militaire de carrière, avait brillé au front et imposé le désastre des Dardanelles en 1915 à la Grande-Bretagne. Celle-ci utilisa alors ses liens avec les Arabes pour ouvrir un nouveau front contre l'Empire ottoman.

Pendant ce temps les « Jeunes-Turcs », avec Tamal Pacha et Enver Pacha à leur tête, profitèrent de la guerre et de leur présence au gouvernement pour passer à l'extermination des chrétiens arméniens en 1915. Mustapha Kemal, qui deviendra Atatürk, s'est toujours distancié de ces derniers, mais il a accepté le fait accompli. (Voir l'annexe sur le génocide arménien).

Lors de la reddition de l'Allemagne, le chef de gouvernement Jeunes-Turcs, Talaat Pacha et son parti le CUP quittèrent le pouvoir le 13 octobre 1918.

4) La grande révolte arabe.
Les espoirs arabes seront-ils trahis par la guerre ?

Les Arabes ont été approchés par la Grande-Bretagne dans le but de les séparer des Turcs. Pouvaient-ils lui faire confiance ?

La renaissance de l'arabisme date du début du XIXe siècle, la *Nadha*, avec de grands penseurs chrétiens Nassir al Yazigi et Boutros al-Boustani, qui restituèrent l'unité du peuple arabe et son riche passé.
La « Ligue de la patrie arabe » et « la ligue ottomane » se constituèrent en 1894 à Paris, en même temps que « Union et Progrès » par les Jeunes-Turcs. Le « *Réveil de la nation arabe* » de Négib Azouri a été publié en 1905. À cette époque, à Beyrouth et Damas, de nombreux « comités arabes » se développèrent et réclamaient la décentralisation, le « réveil », des réformes, etc., et ceci avec l'appui de l'Europe occidentale, sous l'œil vigilant des Britanniques. Il y avait là, selon eux, tous les ingrédients pour une indépendance du peuple arabe.[2]
En 1913 se tint le premier congrès arabe.

Parallèlement à la *Nadha*, un réformisme musulman se développa. Il revendiquait un califat arabe. Les deux courants s'unirent et constituèrent une opposition au sein de l'Empire à la fois contre les Turcs et contre l'autorité ottomane, juste après l'échec du mouvement Tanzimat. Cette opposition se manifesta contre le CUP quand celui-ci voulut la turquification (une nouvelle forme d'arbitraire).[3]

---

[2] P. Rondot : *Destin du Proche-Orient,* Ed. Du Centurion, 1959.
[3] Lisa Romeo : Nationalisme arabe : les origines. Dans *Les Clefs du Moyen-Orient,* 2-3-2018.

Pour imaginer la profondeur de l'espoir arabe, rappelons-nous l'invasion des pays indiens en Amérique du Sud à la fin du XVe siècle par les Espagnols. Quatre siècles après cette invasion, les peuples indiens gagnèrent leur indépendance et firent valoir leurs diverses langues, leurs coutumes, leur culture, transmises de génération en génération dans le silence malgré la dictature imposée par les Espagnols. Il en est de même pour les Arabes.

Les Arabes étaient dépendants des Turcs dans l'Empire ottoman. Les Turcs étaient la nation dominante dans cet empire et tenaient à le rester. Les Arabes aspiraient donc à l'émancipation et à la constitution d'une nation (dispersée jusqu'alors) et d'un État arabe. Ils rêvaient naïvement de profiter des interventions françaises et anglaises pour obtenir ce grand État arabe. Ils étaient en pleine illusion.

La révolte arabe a eu lieu pendant la Grande Guerre, au sein du gouvernement « Jeunes Turcs » entre 1916 et 1918, contre les Turcs, lorsque tout espoir de sauvegarder l'Empire disparut, avec l'appui perfide de la France et de la Grande-Bretagne qui visaient en fait le partage du pétrole et du Moyen-Orient. Les fils de Hussein, chérif de la Mecque, à la tête des bédouins, se mirent au service de la Grande-Bretagne, contre les Turcs, dans l'espoir d'une nation qui irait d'Alep en Syrie jusqu'à Aden. Ce fut la grande épopée de Lawrence d'Arabie. Un fils d'Hussein, Fayçal, prit Damas en septembre 1918. Cela signifiait que les Arabes pensaient être sur la voie de la victoire. Mais la France fera dégager Fayçal !

Les accords secrets de Sykes-Picot entre les belligérants, dont les Arabes ne surent rien jusqu'en 1916, soulevèrent la colère des peuples arabes et turcs de l'Empire. Chez ces derniers, Arabes et Turcs, désunis dans leurs objectifs, s'était cependant construite l'union entre le nationalisme et la communauté religieuse. C'était le panislamisme.

Tout au long de l'exposé qui précède, on ne peut « qu'admirer » la stratégie britannique de division des peuples que la Grande-Bretagne construisit peu à peu pour parvenir à ses fins de nation colonisatrice.

Dans ce qui va suivre, nous allons parler des grandes désillusions des Arabes et voir comment s'ébauchent les traités qui font fi des promesses de la Grande-Bretagne.

Chapitre II

« Les trahisons » des grandes puissances dans la guerre : Sykes-Picot mai 1916 ; Balfour novembre 1917

Il s'agit d'une double trahison. Dans le secret, les alliés se sont partagé les territoires arabes.

Publiquement, la Grande-Bretagne accepte la déclaration de Balfour qu'elle a suscitée, au sujet de l'établissement d'un foyer juif en terre arabe.

1 Les accords secrets de Sykes-Picot entre grandes puissances en mai 1916.

Ces accords secrets annoncent le futur traité de Lausanne et concernent la France, la Grande-Bretagne et la Russie tsariste. Ils balayent tous les rêves d'émancipation des nations de l'Empire ottoman.

Au milieu de la guerre, la Grande-Bretagne et la France pensent à la façon dont elles vont se partager le Moyen-Orient à la fin de la guerre. Henry Laurens écrit ceci (*Le Monde diplomatique* d'avril 2003) :

« Comment fixer les limites entre l'Arabie britannique et la Syrie française ? La négociation est confiée au français François Georges-Picot et à l'anglais Mark Sykes. Elle dure plusieurs mois, reflétant l'évolution des rapports de forces, et se conclut en mai 1916 par un échange de lettres entre l'ambassadeur de France à Londres, Paul Cambon, et le secrétaire au Foreign Office, Edward Grey. Les Français administreront directement une zone allant du littoral syrien jusqu'à l'Anatolie ; la Palestine sera internationalisée (condominium franco-britannique de fait) ; la province irakienne de Basra et une enclave palestinienne autour de Haïfa seront placées sous administration directe des Britanniques ; les États arabes indépendants confiés aux Hachémites seront partagés en deux zones d'influence et de tutelle, l'une au nord confiée aux Français, l'autre au sud aux Britanniques. La ligne dite Sykes-

Picot, qui divise le Proche-Orient, doit aussi permettre la construction d'un chemin de fer britannique de Bagdad à Haïfa. Russes et Italiens donnent leur approbation à cet accord, dont les Hachémites ne sont informés qu'en termes voilés et confus. »

Cet accord est secret.

Au même moment la Grande-Bretagne pousse les Arabes à la guerre contre les Turcs en vue de réaliser leur indépendance. Le discours de la Grande-Bretagne aux Arabes relève de l'imposture.
Laurens écrit encore dans le même article :
  « *Sykes utilise le mouvement sioniste (en vue d'aller plus avant dans le sens des intérêts britanniques), ce qui conduira à la déclaration Balfour du 2 novembre 1917 annonçant l'établissement « en Palestine » d'un Foyer national juif. La stratégie britannique va reposer sur l'occupation du terrain avec l'encouragement donné à la révolte arabe de s'étendre à la Syrie, mais non à la Palestine, et sur une succession de déclarations officielles allant dans le sens de l'autodétermination. Pour Londres,* **le droit des peuples signifie le droit de choisir la tutelle britannique** » (souligné par nous).

Ainsi le lien est fait entre les accords Sykes-Picot et la déclaration de Balfour. Les accords Sykes-Pico conduisent au traité de Sèvres.

La référence à l'utilisation du mouvement sioniste est signalée aussi par Nadine Picaudou (dans Le choc colonial et l'Islam. « *Les fondements de la domination britannique en Palestine* » pp. 159 et suivantes. La Découverte, 2006).

Les bolcheviks qui ont pris le pouvoir en Russie en novembre 1917 rendent publics les accords Sykes-Picot dans l'espoir de semer la discorde au sein des alliés. En réalité cela jette un profond trouble auprès des nationalistes de l'Empire ottoman déchu, qui se sentent trompés, autant que par la déclaration de Balfour. Avec cette dernière, on s'oriente vers le traité de Sèvres.

2. La déclaration de Balfour le 2 novembre 1917

C'est parce que la Palestine fut « libérée » de l'Empire que la déclaration de Balfour a pu exister. Elle complète la stratégie de conquête de la route des Indes vers Suez.

La Grande-Bretagne comptait sur les juifs américains pour faire entrer les USA en Guerre, tandis que les juifs organisés par les sionistes voulaient la Palestine.

Le 2 novembre 1917, James Balfour, secrétaire britannique aux affaires étrangères, écrivit à Lionel Rothschild une déclaration fortement orientée. Il la présenta au Parlement qui l'approuva. Cela fait partie des ruses anglaises pratiquées de longue date depuis la colonisation de l'Inde. Cette déclaration fut une pièce maîtresse que la Grande-Bretagne se réservait d'utiliser dès qu'elle serait sûre d'avoir le mandat sur la Palestine.

Mais ce faisant la question juive fut mise sur la table, non pas pour trouver une résolution internationale, mais pour faciliter une entreprise coloniale.

Cette déclaration s'appuie sur un livre, celui du hongrois Theodor Herzl, « l'État juif », publié en 1896. L'affaire Dreyfus convainc Herzl d'agir.

Le sionisme comprend plusieurs aspects : la défense et la conservation du judaïsme, la culture yiddish, l'attrait des Lumières, un « socialisme » nationaliste, la terreur des pogroms et un fort courant colonisateur : le retour à Sion (*Histoire du sionisme,* Georges Bensoussan 2002, Fayard).

Les services secrets anglais travaillant pour la colonisation orientèrent le sionisme vers l'État juif en Palestine, et cherchèrent explicitement le conflit avec les Arabes.

Balfour expliquera l'intention de sa lettre en juin 1919 (archives de l'ONU, 1947 consultées par Médiapart) dans une déclaration extraordinaire : « ***La Palestine est un cas unique. Nous ne traitons non point avec les souhaits de la communauté existante, mais recherchons consciemment à reconstituer en Palestine une nouvelle*** *communauté et à y édifier définitivement une autre majorité numérique dans l'avenir* » Lord Balfour, juin 1919.

Voici la lettre de novembre 1917 :

> « *Cher Lord Rothschild (Lionel Walter),*
> *J'ai le plaisir de vous adresser, au nom du gouvernement de Sa Majesté, la déclaration ci-dessous de sympathie à l'adresse des aspirations juives et sionistes, déclaration soumise au Parlement et approuvée par lui.*
> *Le gouvernement de Sa Majesté envisage favorablement l'établissement en Palestine d'un foyer national pour le peuple juif, et emploiera tous ses efforts pour faciliter la réalisation de cet objectif, étant clairement entendu que rien ne sera fait qui puisse porter atteinte ni aux droits civils et religieux des collectivités non juives existant en Palestine, ni aux droits et au statut politique dont les Juifs jouissent dans tout autre pays.*
> *Je vous serais reconnaissant de bien vouloir porter cette déclaration à la connaissance de la Fédération sioniste.*
> *Arthur James Balfour* »

Conclusion

Les nations libérées de l'Empire ottoman se sentirent totalement flouées, suite au dévoilement par la Russie des bolcheviks des accords secrets entre les grandes puissances, et la déclaration de Balfour de 1917.

Elles vont cesser de faire confiance à celles-là. Mais elles ne peuvent pas davantage faire confiance aux Jeunes Turcs dont il est bien évident qu'ils vont faire cavaliers seuls. Plus rien pour les réunir ! La Russie bolchevique s'est contentée de dénoncer, elle ne proposa rien.

Malgré le désarroi et la colère, la résistance s'organisa pour tenter de faire valoir des revendications d'indépendance.

Celles-ci s'étendirent à la Russie, ce qui ne fut pas du goût des bolcheviks qui s'opposèrent au démantèlement de l'Empire tsariste face aux demandes d'indépendance de peuples qui virent dans la révolution russe de 1917 l'occasion de s'échapper.

Les bolcheviks tentèrent d'étendre la révolution au-delà de la Russie, ce qui ne se produisit que par la force.

Cependant les grandes puissances européennes craignirent que la Russie, de belligérante, devienne un porte-parole de l'indépendance des peuples. Cela ne se produisit pourtant pas, sauf avec la Turquie.

Celles-là s'orientèrent sans prudence vers le traité de Sèvres qui consacra les accords Sykes-Picot.

Chapitre III

L'élaboration progressive du traité de Sèvres du 10 août 1920

L'Empire ottoman avait signé l'armistice le 30 octobre 1918 à Moudros. Dans les deux années qui suivirent, les puissances européennes élaborèrent des traités de paix difficiles à mettre en œuvre, malgré l'opiniâtreté de la France et de la Grande-Bretagne.

La résistance fut vive. Les peuples de l'ex-Empire voulurent croire encore que tout espoir n'était pas vain pour obtenir leur indépendance.

1) Mémorandum des Arabes et des chrétiens en janvier 1919, malgré Moudros

(Source : Olivier Carré, *Le mouvement national palestinien*, Gallimard/Julliard, 1977, pp. 34-35.)

La lettre de Balfour fut immédiatement connue des Palestiniens juifs et arabes. Elle constitua un élément de poids pour commencer à poser les soubassements d'un éventuel État juif en Palestine, au risque d'un conflit ouvert avec les Arabes.

Pourtant, les bases d'une autre vision des choses existaient.
Un mémorandum des Arabes et chrétiens est écrit et présenté aux grandes puissances.

À la suite de la grande révolte arabe, se tint à Jérusalem, en janvier 1919, le premier Congrès des associations islamo-chrétiennes constituées à travers le pays depuis 1918 et qui avaient pour objectif de promouvoir le développement de la Palestine en matière d'agriculture, d'industrie, d'économie et de commerce, de former une jeunesse consciente de sa nationalité et de préserver les droits matériels et culturels de la population.

Ce congrès élabora une sorte de charte palestinienne qui refusa expressément la déclaration Balfour ; il envoya à la Conférence préparatoire à la paix à Paris ce qui sera appelé un Mémorandum.

« *L'ensemble des habitants de la Palestine – qui comprend les provinces de Jérusalem, de Naplouse, d'Akka – les musulmans et chrétiens se sont associés et ont élu des représentants qui se sont rendus à Jérusalem pour y tenir une assemblée chargée de rechercher la forme de gouvernement la meilleure pour ce pays [...]. Ils ont décidé en tout premier lieu d'adresser à votre conférence suprême une véhémente protestation contre ce qu'ils ont appris au sujet d'une promesse que les sionistes auraient obtenue, par laquelle notre pays deviendrait pour eux une patrie nationale (national home) ; ils auraient l'intention d'y immigrer et de le coloniser.*

*Or nous-mêmes, musulmans et chrétiens réunis en députation, nous sommes en vérité une nation arabe vivante, comme les autres petites nations que les Alliés ont libérées. Nous sommes ici pour refuser catégoriquement que soit prise pareille décision avant que nous soyons consultés. Nous transmettons en effet à la Conférence cette déclaration dictée par le péril que courraient les intérêts des habitants de ce pays, musulmans et chrétiens qui forment la majorité absolue, **au cas où se réaliserait l'immigration des sionistes dans ce pays pour le coloniser et en faire leur patrie nationale** (souligné par nous).*

Nous espérons que votre Conférence suprême ne prendra aucune décision concernant ce pays sans s'en tenir auparavant à nos désirs et à nos vœux tels que nous les lui exposerons dans la suite. »

Ce mémorandum semble avoir été porté par Fayçal qui avait combattu pour l'indépendance arabe, mais qui était prêt à une certaine collaboration avec Weizmann, sioniste de la Palestine. Bien que Fayçal fût un homme politique avisé, il ne refusa pas une alliance avec les sionistes et le mandat anglais. Il compta jouer sur tous les tableaux et ne fut pas un très bon défenseur des droits des Palestiniens.

Dans ce texte pourtant, la méfiance vis-à-vis des sionistes colonisateurs est bien marquée dès le début. Mais entre ce que dit un texte et celui qui le porte, il y a une grande différence.

Il faut noter que ce texte était issu des associations de notables. Il n'émana pas du peuple, et encore moins des paysans. Il posait au départ des limites d'autant plus fortes que les Arabes avaient été floués par les Anglais.

Fayçal voulait exposer à cette conférence de la paix les demandes d'indépendance arabe et la demande que la Palestine fasse partie du royaume de Damas : c'était l'idée de la Grande-Syrie qui irait d'Alep au fin fond de l'Arabie.

Fayçal, conscient des difficultés, avait des ambitions qui dépassaient la cause palestinienne. Il se laissera plus tard acheter par les Anglais.

Les Irakiens courtisés par la Grande-Bretagne firent demander l'autodétermination et l'indépendance du peuple irakien à la conférence. **La Grande-Bretagne empêcha leurs délégués d'être présents.**

Ce fut l'échec. **La France refusa le mémorandum.**

Cet échec organisé par la Grande-Bretagne et la France rendit caduc l'accord entre Fayçal et Weizmann, chef sioniste, de construire ensemble la Palestine.

Fayçal se lança alors dans la conquête de Damas qu'il occupa. Le Congrès syrien proclama l'indépendance totale de la Syrie sous la protection de Fayçal. La France durcit sa position. Elle envoya contre lui une force militaire du Liban.

Des troupes arabes pénétrèrent au Liban pour attaquer les positions françaises et menèrent des actions de sabotage contre les lignes ferroviaires allant vers les lignes de front françaises contre les kémalistes turcs qui commençaient à s'agiter.

Mais Fayçal fut vaincu et la Grande-Bretagne le mit sur le trône de l'Irak « pour le consoler ». Fayçal était faible dans ses convictions, car fasciné par le pouvoir. Il accepta.

Les Palestiniens sionistes demandèrent la liberté pour l'émigration juive en Palestine, laquelle n'était pas autorisée dans l'Empire ottoman.

2) La SDN, de l'illusion du droit des peuples, au mandat sur ces peuples.

La Société des Nations (SDN), créée lors de la conférence de Paris le 28 avril 1919, arriva comme un subterfuge dans cette situation confuse où l'on ne savait plus qui disait vrai.

Elle constitua néanmoins un espoir pour les peuples.

L'Assemblée plénière de la Conférence de la Paix ratifia la Société des Nations. Le Sénat américain, contre son fondateur américain Woodrow Wilson, s'opposa clairement à l'esprit de la SDN dès le 16 janvier 1920. Woodrow Wilson (prix Nobel de la Paix en 1919) avait popularisé en effet **le droit à l'autodétermination des peuples**, pour le triomphe du droit humain et la réconciliation des nations européennes. Les quatorze points qui fondaient l'esprit de la SDN, points extrêmement intéressants portés par Wilson, ne seront en fait jamais acceptés par les USA. C'est à croire que ce dernier vivait dans un autre monde que celui du partage du monde par les grandes puissances. Mais la Conférence pour la paix s'en empara.

Ce « droit des peuples à disposer d'eux-mêmes » fut proclamé, en quelque sorte, pour faire illusion.

Pourtant la Russie révolutionnaire proclama aussi «le droit à l'Autodétermination des peuples », apparemment sans y croire et au titre de propagande. Cependant, il semblait bien que ce fut une époque historique où se rejoignaient les revendications nationales d'indépendance et des revendications démocratiques d'État-nation. Le droit humain cher à Wilson exprimait bien cette aspiration de l'époque. Personne ne s'en saisit à bras le corps. Occasion manquée pour la Révolution et pour la Démocratie.

Les propositions de Wilson subirent finalement des exceptions terribles pour les peuples soumis, issus de l'Empire ottoman. La SDN « pour la paix » donna son interprétation de ce droit en vue du traité de **Sèvres à venir « Un droit des peuples... sous mandat des alliés, France et Grande-Bretagne »**, c'est-à-dire en fabriquant la Syrie, l'Irak, le Liban, la Palestine... etc., sous des mandats occidentaux !

On trouve sous la plume de l'humaniste très « wilsonien », André Mandelstam, ancien secrétaire de la Conférence de la Paix, plein d'illusions, les considérations suivantes en 1917, prêtées aux alliés de la Première Guerre mondiale, sur la façon de concevoir le « droit humain », au chapitre III de son livre « *Le sort de l'Empire ottoman* » (Payot, 1917)

Selon Mandelstam, les alliés voulaient, « avec le Président Wilson », *des nations libres et égales* à l'issue de la guerre.

Ils affirmaient le droit à la vie des nations contre les menaces permanentes des massacres (inaugurés par les Turcs ottomans), le droit des nationalités à la vie et à la liberté... Le droit des nations à disposer d'elles-mêmes.

« *Mais il est évident que les différentes nationalités, ne se trouvant pas au même degré de civilisation, ne pourront être pourvues d'emblée du même degré de compétence politique. Elles ne pourront être toutes érigées en États (p. 571)* »... « *Le Congrès qui érigera la paix laissera une partie des nationalités à civilisation rudimentaire sous la tutelle des nations les plus avancées.* » C'est, six ans avant le traité de Lausanne, une façon d'anticiper sur les « mandats » que les nations de l'entente vont se partager... « *Tel nous semble être* **le droit intuitif international** *de l'Entente* », écrit Mandelstam.

C'est ainsi qu'il résuma la nécessité *d'une tutelle temporaire sur les États non civilisés* (p. 573).

L'auteur justifia enfin, pour l'Entente, le « *droit à l'intervention, au nom du droit humain et du droit international, contre les États qui violent les droits de l'homme et de la nation dont ils ont la garde ou la tutelle* » (p. 574) donc la nécessité de mettre ces peuples « sous mandat » colonialiste.

L'interprétation ci-dessus est un chef-d'œuvre d'hypocrisie et doit rester présente à l'esprit dans tout ce qui va suivre. Souvenons-nous de la notion de « civilisation rudimentaire ».

Restait la question de savoir comment la France et la Grande-Bretagne engageraient des opérations militaires pour imposer ces deux mandats de tutelle dont les populations ne voulaient pas.

« *Mais les évènements de 1919-1920 furent ressentis comme une trahison des engagements pris (en premier lieu, du droit des peuples à disposer d'eux-mêmes). Ils dépossédèrent surtout les élites locales de leur destin. Quand le nationalisme arabe reviendra en force, il ne reconnaîtra pas la légitimité de ce découpage et appellera à la constitution d'un État unitaire, panacée à tous les maux de la région. Les États réels seront ainsi frappés d'illégitimité et durablement fragilisés. La constitution du Foyer national juif entraînera la région dans un cycle de conflits qui semble loin de se terminer* » (suite de l'article d'Henry Laurens ci-dessus in *Le Monde diplomatique* d'avril 2003).

Pourtant la Russie et la Turquie avaient construit une alliance en forme de forteresse dès avant la fin de la guerre. La Grande-Bretagne et la France semblèrent ne pas y croire et misèrent sur les conflits à venir entre Turcs et Arabes, entre Turcs et Grecs, entre chefs arabes entre eux, entre Palestiniens juifs et arabes dans leur stratégie au Moyen-Orient...

Nul doute que cette stratégie détourna un peu leur attention de la Russie, et que cette dernière n'a pu que s'en réjouir.

La stratégie des bolcheviks visait à ne prendre attache avec les nationalistes des pays voisins que dans la mesure où cela pouvait consolider leur pouvoir (voir la rocambolesque tentative faite en Perse à ce sujet au chapitre suivant) ; les bolcheviks tenteront de pactiser avec les nationalistes des pays limitrophes de l'ex-Russie tsariste pour qu'ils ne fassent pas sécession (par exemple en Transcaucasie), d'où l'ambigu Congrès des peuples d'Orient de 1920.

Les belligérants s'acheminèrent ainsi vers San Remo.

3) La Conférence de San Remo (du 19 au 26 avril 1920)

Elle confirma l'accord Sykes-Picot et conforta les zones d'influence occidentale contre l'Empire ottoman et les revendications arabes, même si les bolcheviks avaient dénoncé ces accords et en avaient donné le contenu.

L'amertume des peuples arabes va être considérable

Les alliés n'intégrèrent pas cette amertume. Ils refusèrent d'envisager l'avenir qu'ils préparaient à l'humanité, au Moyen-Orient, en Europe, mus par leurs ambitions de pouvoirs sur la région et notamment sur la possession du pétrole... la mémoire des peuples arabes restera pourtant intacte.

Dans cette atmosphère de pré-guerre civile, les alliés tentèrent d'oublier ce qui précède par une corruption habile basée sur les désirs de pouvoir des chefs arabes, contre les peuples concernés, censés n'avoir pas de mémoire.

Ce qui resta de l'Arménie devint indépendant ; celle-ci se verra offrir l'hospitalité en URSS ; le sort des Grecs et des Kurdes n'était pas réglé : ils devaient se voir attribuer des territoires, le Kurdistan devait être indépendant...

Cela fut posé sur le papier et n'aura pas de suite.

4) Le traité de Sèvres proprement dit (le 10 août 1920)

Ce traité entérina ce qui précède et s'élabora dans l'esprit des accords de Sykes-Picot. Il donna le ton sur le contenu du traité final de 1923.

Après les propositions des alliés concernant le partage de l'Empire dans le Traité de Sèvres, il ne resta à ce dernier que 23 % de ce qu'il fut. Les Grecs occupèrent l'ouest de la Turquie, la Thrace, avec l'appui de la Grande-Bretagne, et envisagèrent de s'approprier Smyrne... avec l'accord des belligérants.
C'était donc inacceptable pour les Turcs.

Les Arabes comprirent qu'ils étaient définitivement spoliés. Ce fut l'abandon de la Grande Syrie, allant d'Alep en Syrie, à Aden au Yémen.

Ce traité balaya les dernières illusions. Autant pour l'indépendance des territoires arabes que pour les territoires occupés par les Kurdes. Ce traité modifia également le statut des Détroits. Les vainqueurs acquirent la maîtrise du détroit de Bosphore. Les capitulations furent rétablies. Les capitulations étaient un ensemble de droits et privilèges attribués aux communautés chrétiennes et juives orientales de l'Empire ottoman. Selon l'auteur Laurens (sa conférence de juillet 2012, opus cité), elles permirent aux pays européens de s'appuyer sur des réseaux de clientèle influents au sein de l'Empire ottoman et « *de pratiquer une politique d'ingérence qui s'est amplifiée au XIXe et XXe siècle, âge d'or de l'impérialisme* ».

Les propositions de Sèvres ne furent pas signées. Elles justifieront la guerre que Kemal décida d'entreprendre (cf Chapitre V) contre la Grande-Bretagne après l'armistice signé à Moudros par le sultan le 30 octobre 1918, où Français, Anglais, Italiens et Grecs avaient assis leur domination sur l'essentiel de l'Empire ottoman.

« Un tel sort n'est pas réservé à l'Empire austro-hongrois qui est également démembré en plusieurs États, mais (sans) aucune mainmise des puissances impérialistes sur ces nouveaux États. C'est une descente aux enfers pour un peuple et pour son armée. » (Sultane Aydin, Le réveil des

peuples colonisés sous l'égide de la Turquie - 1919-1923, in *Guerres mondiales et conflits contemporains,* 2013/2, opus cité).

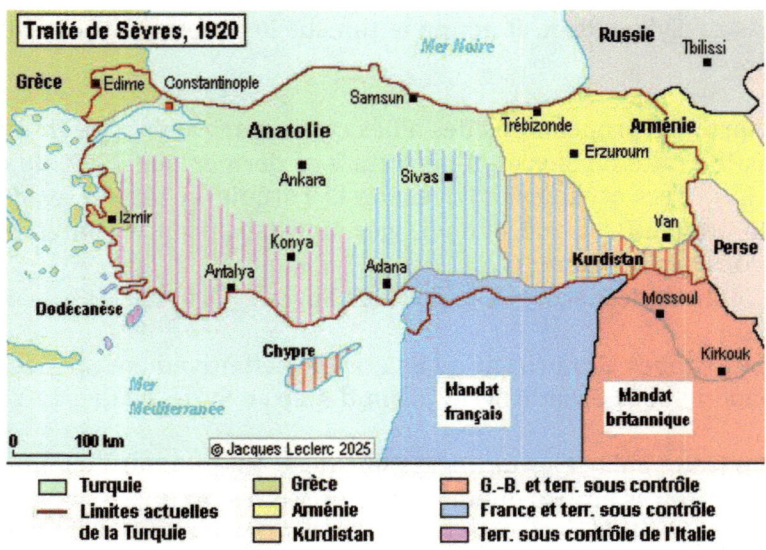

Source : axl.cefan.ulaval.ca/asie/turquie_2HISt.htm
© Jacques Leclerc 2025

Sèvres suscita la révolte qui prit la forme chez les Turcs d'une réaction religieuse sous l'aspect d'une idéologie islamique contre l'occupant (cf. Laurens, sa conférence de juillet 2012, opus cité). Et ceci d'autant plus que l'article 95 du traité de Sèvres consacrait la vocation sioniste de la Palestine, ce qui dans les faits pouvait être compris comme une provocation :

« *Les hautes parties contractantes sont d'accord pour confier, en application de l'article 22 (du pacte de la Société des Nations), l'administration de la Palestine à un mandataire choisi par les puissances... il incombera au mandataire de rendre effective la déclaration originelle faite le 2 novembre 1917 par le gouvernement britannique et adoptée par les autres puissances alliées,* **en faveur de l'établissement en Palestine d'un Foyer national pour le peuple juif,** *étant clairement entendu que rien ne sera fait qui puisse porter atteinte... aux droits civils et religieux des collectivités non juives existant en Palestine...* » (souligné par nous. Texte cité par Renée Neher-Bernheim dans « *La déclaration*

Balfour ». Reproduit par les Presses universitaires du Septentrion « *D'une guerre à l'autre : le mandat britannique* » Dominique Perrin).
Ceci ne sera pas remis en question par le traité de Lausanne

Dans le même temps, les Anglais tentaient d'évincer la France de tout accord avec les Arabes et prétendaient, lors de la défaite allemande, et en utilisant la rhétorique de Wilson sur « le droit des peuples», vouloir eux seuls « protéger » les Arabes, les Palestiniens juifs, les Arméniens, les Kurdes, sous une « tutelle bienveillante »...

Ainsi le « Mémorandum des Arabes et Chrétiens » de 1919 passa à la trappe, fut oublié par les futurs mandataires, du fait de l'opportunisme de Fayçal. Mais il demeura dans la mémoire des Palestiniens, parfaitement conscients de ce qui pouvait leur arriver.

La Russie révolutionnaire des soviets de février 1917 laissa faire. Elle ne dénonça pas le traité de Sèvres et ne fut pas la cause de son échec. Elle fut totalement occupée par la guerre civile qu'elle suscita, qui se propagea dans les campagnes et les peuples limitrophes encore sous autorité russe. Pourtant la révolution russe eut une aura internationale. Qu'est-ce que les peuples pouvaient attendre d'elle et quelle fut leur déception ?

Chapitre IV

Qu'attendre de la révolution russe et du pouvoir bolchevique pour les peuples du Moyen-Orient ?

Nous avons choisi d'intercaler un chapitre sur la Russie bolchevique entre celui sur le traité de Sèvres et celui sur son refus de ce dernier. On pourra critiquer ce choix, mais l'irruption de la révolution russe en pleine guerre, puis ses conséquences sur la paysannerie au moment de la négociation des traités dits de paix, aurait dû changer la donne. Cela ne fut pas.

Les peuples du Moyen-Orient étaient censés tout attendre de la révolution russe, à la fois une aide à l'indépendance vis-à-vis de la Grande-Bretagne, c'est-à-dire une aide aux nationalismes, mais également une aide aux paysanneries pour se libérer du joug des grands propriétaires terriens et pour s'approprier la terre. Ces deux objectifs conjoints auraient dû faire partie du programme des bolcheviks. Ils s'avérèrent contradictoires. La Russie bolchevique choisit d'aider le nationalisme hors de l'ex-Russie tsariste, combattit les velléités nationalistes en son sein et tenta de briser sa propre paysannerie.

Quelques mots sur la révolution.

1) La révolution russe de 1917.

La Russie tsariste participait à la Grande Guerre aux côtés de la Grande-Bretagne et de la France.

Une révolution sociale éclata en février 1917 en Russie contre le tsarisme, contre la guerre, faisant suite à l'insurrection de 1905 de Petrograd. Des soviets ouvriers et paysans se constituèrent partout, dans les villes et les campagnes, dans la tradition des « mirs » populaires russes, sans les bolcheviks. Les paysans occupèrent les terres et chassèrent les grands propriétaires, les ouvriers occupèrent les usines, sans eux.

L'Autodétermination des peuples de Russie fut proclamée ! De nombreux peuples voulurent leur indépendance. La Russie constituait un modèle et un espoir extraordinaire !

Or cette révolution se transforma en l'une des plus grandes dictatures du XXe siècle à partir d'octobre 1917 où les bolcheviks prirent le pouvoir, sous les traits de la justice, de l'émancipation, de la perspective de la libération du capitalisme pour construire le communisme.

La révolution confisquée fut suivie de réquisitions forcées auprès des paysans. Ceux-ci se soulevèrent et firent parfois alliance avec les peuples qui, aux frontières, voulaient leur indépendance et étaient souvent prêts, pour ce faire, à pactiser avec l'ennemi tsariste ou européen. Situation parfois très confuse. Mais pas toujours, par exemple, Makhno en Ukraine se battra à la fois contre les Allemands, contre le général russe tsariste Dénikine, et contre les bolcheviks qui n'acceptaient pas la « démocratie des soviets ».

Mais la Russie bolchevique soutint, hors de la Russie, le combat de la Turquie pour son indépendance contre la Grande-Bretagne en 1919, pour s'en faire un pays allié. La Russie et la Turquie avaient besoin d'un soutien mutuel face aux deux puissances qui n'avaient d'yeux que pour le pétrole du Moyen-Orient.

Face aux traités dont nous discutons, comment se positionna la Russie révolutionnaire ?

Les dirigeants soviétiques dirent que la seule riposte à la guerre était l'extension de la révolution hors des frontières de la Russie. Or ils signèrent le traité de Rapallo en 1922 avec les nationalistes allemands, à la grande stupeur des Occidentaux, lequel mettait en question une partie du traité de Versailles (JB Duroselle. *Histoire diplomatique de 1919 à nos jours*. Dalloz 1984, p. 68)

De plus la Russie révolutionnaire avait signé, en annexe du traité de Brest-Litovsk de mars 1918, la cession à la Turquie génocidaire de la région de Kars (le nord-est de l'Arménie). L'Arménie indépendante ne récupéra pas Kars.

Pourquoi la Russie ne lança pas un appel aux peuples à se révolter contre leur État, les grands propriétaires, les dirigeants d'entreprise ?

À notre avis, la Russie ne voulut pas que se reproduise à ses portes (au Moyen-Orient et en Palestine) l'expropriation des grands propriétaires fonciers au profit des paysans, expropriation qui, en Russie, s'était faite sans les bolcheviks. Pourquoi ?

De nouveaux soviets paysans indépendants et démocratiques aux frontières de la Russie auraient provoqué un conflit politique grave avec le pouvoir bolchevik au sujet de la démocratie confisquée.

Les paysans turcs, arabes, de Syrie, Palestine… enviaient sans bien le connaître, le grand soulèvement paysan russe. Ils crurent que la Russie pouvait les aider ; ils ne savaient pas que cette expropriation ne devait se faire que sous l'égide de l'État prolétarien, **ce qui précisément ne s'était pas passé en Russie**.[4]

Ils ne connaissaient sûrement pas exactement les raisons de la guerre civile en Russie.

---

[4] **Le statut de la terre et la paysannerie** : Le refus de reconnaître le droit à la paysannerie de s'approprier la terre par son propre combat, est fixé lors du IIe congrès de l'Internationale communiste (IC) (août 1920) et de façon plus discrète par le congrès de Bakou de sept. 1920.

En effet, L'IC ne reconnaît pas que la paysannerie russe n'a pas attendu après les bolcheviks pour saisir les terres et mettre les grands propriétaires dehors. Cela revient à lui refuser la capacité à l'action et à la révolte autonome. Dans la théorie, il n'y aurait eu que la classe ouvrière, organisée dans un parti communiste, à avoir la capacité d'exproprier les grands propriétaires pour donner la terre aux paysans. C'est évidemment faux (cf. la révolution mexicaine de 1910).

On peut casser la paysannerie de deux façons : la laisser explicitement sous la férule des grands propriétaires (qui peuvent être une partie des nationalistes, mais pas forcément), ou des grandes familles dans le cas qui nous occupe, ou la prolétariser.

Pourquoi la casser ? **Parce que c'est une classe sociale fondamentalement indépendante et historiquement rebelle à l'industrie.**

Le prolétariat, lui, est soumis par définition à la discipline de l'usine, qui s'apparente à l'armée, explique Marx dans *Le Capital*. La paysannerie, elle, travaille comme elle l'entend, en pleine nature, soumise certes aux caprices de cette dernière. Mais elle demeure son propre maître. Le prolétariat jamais. Marx a pourtant attribué à ce dernier un rôle messianique dont on sait ce qu'il en est advenu.

Les nationalistes arabes ont imité les bolcheviks dans leur volonté d'agir par-dessus la tête des paysans et des ouvriers.

En effet, la caractéristique générale des chefs nationalistes arabes est qu'ils ne feront jamais appel aux masses, sauf pour se faire acclamer. Ils agissent sans concertation avec les citoyens, ne cherchent pas à résoudre le problème de la terre, de l'égalité des droits, ne luttent pas contre le communautarisme, pour un État démocratique… Mais ils se comporteront comme des privilégiés, puis comme des dictateurs.

Le grand roman libanais d'Elias Khoury, situant sa narration à l'époque de la Nakba, s'en fait l'écho de façon discrète.

La raison officielle de celle-ci : l'impérialisme anglais et français, ainsi que les tsaristes étaient aux frontières et s'opposaient à la révolution, ce qui n'était pas complètement faux, mais incomplet. Les tsaristes et l'impérialisme cherchèrent évidemment à en profiter.

Il suffit de lire les écrits de Lénine sur la question, dans ses œuvres, pour se convaincre de la cause première de la guerre civile : l'opposition de la paysannerie aux prélèvements obligatoires.

Pour la Russie la question essentielle était donc de s'entourer de pays amis ou neutres. Toute extension de révolution paysanne à ses frontières pouvait faire surgir la démocratie contre le pouvoir bolchevik. Elle choisit donc de subordonner les revendications paysannes aux revendications nationalistes. **La Russie prit les devants et dit soutenir les révolutions nationales contre l'impérialisme**.

Prenons bien note de ceci : la Russie devenue l'URSS appliquera cette stratégie en Palestine.

Dans cette perspective elle proposa une réunion des peuples d'Orient impatients, à Bakou en septembre 1920 dont les objectifs ne furent pas ceux annoncés. Cette réunion a lieu alors que la Turquie se battait déjà contre la Grande-Bretagne pour obtenir son indépendance (Kémal est entré en guerre en mai 1919). La Russie dut agir avec la plus grande habileté : écouter les masses paysannes, mais ne pas nuire à ce que voulait devenir la Turquie.

Pour illustrer la stratégie particulière de la Russie, citons brièvement l'exemple ci-dessous, car il n'est pas connu.

2) L'éphémère République socialiste soviétique de la Perse, 4 juin 1920.

(Vladimir L. Genis, « Les bolcheviks au Guilan » *(province du nord de la Perse sous domination du Shah)*, *Cahiers du Monde russe*, vol 40 n° 3. 1999, pp. 459 à 495).

En pleine guerre civile, la Russie imagina, pour défendre ses frontières, créer une République soviétique au nord de la Perse, dans la région du Guilan. Les navires de la flotte des armées blanches de la

Caspienne occupaient le port persan d'Anzali, sous contrôle des canons de la Grande-Bretagne.

Cette région, qui était contrôlée avant la révolution par le Tsar, était passée sous contrôle britannique avec la guerre civile.

Koutchek Kan, du mouvement de libération nationale du Guilan, ultra religieux, lutta contre cette occupation anglaise. Les bolcheviks proposèrent une alliance avec Koutchek pour nettoyer la Caspienne des armées blanches. Le Soviétique Ordzonikidzé mena l'opération avec un seul mot d'ordre « À bas les Anglais, À bas le pouvoir du Shah ». À noter ici, tout de suite, que ce mot d'ordre « À bas les Anglais » ne sera jamais préconisé pour la Palestine par l'Internationale communiste. C'est à retenir.

Mais les nationalistes du Guilan, s'ils voulaient bien une aide des Soviétiques, refusèrent totalement la soviétisation et la réforme agraire. La Russie acquiesça, contre l'avis du Parti communiste iranien créé à la faveur de l'occupation russe, et accorda son soutien au mouvement de libération nationale (travailleurs et éléments bourgeois mêlés), lequel aida à évacuer la garnison anglaise.

Le 4 juin 1920, avec à sa tête le chef des partisans nationalistes djangali, Mirza Koutchek Khan, la République Socialiste Soviétique de Perse fut proclamée, sans contenu social. Mais pour les Anglais, il y avait là le risque d'une extension de la révolution en Asie.

Ce que la Russie voulait, c'était une base militaire navale, ce qu'elle obtint.

Trotski, chiffonné par ce travestissement politique, proposa de contribuer secrètement à une lutte contre la Grande-Bretagne et les féodaux. Mais il déclara publiquement « *Le principal intérêt d'une révolution russe en Orient est de constituer une monnaie d'échange avec la Grande-Bretagne* ».

Le parti communiste iranien voulait l'expropriation de féodaux et, à ce titre, participa au Congrès des peuples d'Orient. Il sera liquidé quand cette pseudo République soviétique s'effondrera sous les coups du pouvoir central iranien en 1921. Terrible histoire.

On ne peut pas reprocher à la Russie d'avoir aidé des nationalistes à se débarrasser de la Grande-Bretagne. Mais cette aide devait être justifiée dans une déclaration d'une clarté sans faille, sans déguisement, vis-à-vis de tous les protagonistes, entre autres la population du nord de la Perse.

Ce travestissement politique indique l'opportunisme des bolcheviks. Ceux-ci se sont pourtant toujours vantés de ne jamais pratiquer des négociations secrètes et de n'agir que conformément aux désirs des peuples. Ici les nationalistes étaient probablement aussi de grands propriétaires terriens, en lutte contre la paysannerie.

3) Le Congrès des peuples d'Orient à Bakou en septembre 1920

(*Le premier Congrès des peuples d'Orient, Bakou 1920.* Réédition en fac-similé. François Maspéro, 1971)

Il n'était pas forcément utile de faire état de ce Congrès qui eut lieu un mois après le traité de Sèvres.

Mais, selon nous, son résumé intelligible indique que l'IC (Internationale communiste) y renonça à soutenir les paysanneries en lutte pour la terre, conformément à son IIe congrès où elle venait d'affirmer que l'expropriation **et la réforme agraire ne pouvaient se faire que sous l'égide des partis communistes sous un gouvernement prolétarien**. Donc tout était dit.

Officiellement ce congrès, qui eut lieu en pleine guerre civile en Russie, devait être la proclamation de l'extension de la révolution aux peuples d'Orient. En réalité il ne fut que le désir d'allégeance à l'orientation de l'IC. John Reed, journaliste militant des USA, accourut enthousiaste, et se trompa. Son discours sur la révolution en marche en Amérique et en Orient, sera dénaturé par la traduction. Il en concevra un désespoir fou, car la Révolution d'Octobre était pour lui la voie de l'avenir. Son incompréhension et sa faiblesse physique firent qu'il mourra du typhus en URSS peu après.

Le Congrès dura sept jours. L'audience fut considérable. Mille huit cents militants furent présents du 1er au 7 septembre 1920.

Les militants pour y participer furent probablement triés, ne serait-ce qu'en raison de leur nombre ; on ne fera pas le bilan et l'analyse des présents de tous les pays : militants, sans parti, sympathisants, journalistes...

Aucune décision n'en sortit. Zinoviev au nom de l'IC promit que tous les ans se tiendrait un congrès de ce type. Or l'expérience de 1920 ne sera jamais renouvelée.
<u>Que retenir au final d'après nous</u> ?
- La question du démembrement de l'Empire ottoman ne fut pas évoquée, le traité de Sèvres ne fut pas critiqué en tant que tel.
- La Déclaration de Balfour et la perspective du Foyer juif furent passées sous silence.
- Le congrès n'évoquera pas la question du sionisme, de la Palestine, mais simplement le pillage des richesses et du pétrole par la Grande-Bretagne et la France.
- **Le génocide arménien ne fut pas condamné.**
- **Enver Pacha (un des génocidaires d'Arménie) envoya une déclaration de soutien au Congrès au nom de la Turquie qui fut lue à la tribune.** Elle s'attira beaucoup de critiques.
- Une motion de défiance, après de nombreuses interventions, contre le nationalisme turc, présentée par Bela Kun, fut votée à l'unanimité, ce fut sans conséquence.
- Zinoviev, au nom de l'IC affirmera soutenir le nationalisme turc ; il critiquera le recours au panislamisme de Kémal, qui était en guerre depuis mai 1919. Critique de pure forme.

-Les interventions très nombreuses furent une source importante d'informations pour l'IC sur l'état d'esprit des masses et des militants en Orient et au Moyen-Orient
- **La question centrale évoquée fut celle de la terre**. Le congrès accepta **l'idée de la réforme agraire**, par expropriation des grands propriétaires, mais ne s'en fit pas l'organisateur puisque seul un État communiste pouvait s'en saisir...
- Le Congrès appela les masses à se soulever pour faire la révolution, créer des partis communistes et constituer des soviets aux côtés de l'IC.
- Des *Thèses sur la question agraire,* présentées par l'IC furent votées, l'orientation nous y paraît très claire :
* *Pour confisquer les terres, il fallait établir un régime soviétiste où* ***les masses paysannes qui prendraient les terres, les remettraient à l'État (souligné par nous).***

* Le combat des masses paysannes devait d'abord être un combat pour l'indépendance de leur bourgeoisie vis-à-vis de l'impérialisme.
* Ensuite viendrait la révolution communiste qui affranchirait la classe paysanne.

Ce congrès fut circonstanciel par rapport à la situation intérieure en Russie, et visait, à faire accepter le soutien de la Russie au désir d'indépendance de la Turquie contre la Grande-Bretagne, et à privilégier « l'aide aux bourgeoisies nationalistes contre l'impérialisme ». Ce fut à partir de là, sans doute, que l'IC théorisera cette politique pour toute la période à venir.

En conséquence, la question de la réforme agraire (la terre aux paysans) qui était au cœur de la question paysanne au Moyen-Orient et en Extrême-Orient, ne fut portée ni par l'Internationale communiste (IC) ni par le congrès des peuples d'Orient, comme exigence immédiate.

En conclusion il nous paraît maintenant, qu'en 1920, les peuples ne pouvaient rien attendre de la Russie dite révolutionnaire dans quelque domaine que ce soit, le Congrès de Bakou ayant éludé toutes les questions les plus centrales de l'époque, entre autres, après le problème de la terre, la constitution d'États démocratiques.

Si la Grande-Bretagne prêta une oreille attentive à ce Congrès, elle ne put qu'avoir la conviction que la Russie des bolcheviks ne mènerait pas le combat pour la démocratie nulle part.

En avant pour le traité de Lausanne !

Mais revenons à la guerre que la Turquie menait contre la Grande-Bretagne.

Chapitre V

Le refus du traité de Sèvres par les Turcs
La guerre pour l'indépendance turque
Mai 1919 à octobre 1922

Mustapha Kemal avait démissionné de l'armée de l'Empire après l'armistice de Moudros. Il partit constituer sa propre armée à partir d'Ankara. Il avait déjà choisi son camp depuis longtemps.

Lors de la reddition de l'Allemagne, le chef de gouvernement Jeune-Turc Talaat Pacha et son parti le CUP quittèrent le pouvoir le 13 octobre 1918, tandis que le gouvernement ottoman était placé sous l'autorité des puissances européennes, dirigées par la Grande-Bretagne.

Le 2 novembre 1918, Talaat Pacha et les responsables du génocide arménien, Djemal Pacha et Enver Pacha avaient fui à l'étranger, en Allemagne.

Sous l'égide des Européens, un nouveau gouvernement fut créé dans l'Empire le 16 décembre 1918. Sur la demande des alliés, des commissions d'enquête pour l'instruction et le jugement des massacres des Arméniens furent mises en place. Le 5 juillet 1919, en Turquie, les responsables de ces massacres furent condamnés à mort par contumace.

Talaat Pacha et Djemal Pacha furent assassinés, le premier en mars 1921, le second en juillet 1922, par des Arméniens en Allemagne, et Enver Pacha le fut également en août 1922.

La décision de la Turquie d'entrer en guerre, par ces mêmes responsables, à côté de l'Allemagne, sans prendre l'avis du Parlement, fut aussi condamnée.

Le caractère extraordinaire de la situation résidait dans le fait que des gens en fuite et condamnés dans le génocide arménien discutaient cependant en 1918 à Berlin avec les bolcheviks, par l'intermédiaire de

Karl Radek, un bolchevik fidèle de Lénine, qui interviendra au Congrès des peuples d'Orient (Radek fut arrêté en 1937 et déporté, puis assassiné en 1939).

Le traité de Sèvres provoqua en Turquie un sursaut national autour de Mustafa Kemal Pacha qui entreprit la guerre contre la Grèce et la Grande-Bretagne en mai 1919.

Ce traité, s'il fut accepté par le gouvernement ottoman d'Istanbul sous l'autorité des puissances européennes, ne fut pas reconnu par la majorité des Turcs, ceux-ci ne reconnaissaient que l'autorité du nouveau gouvernement d'Ankara dirigé par Mustafa Kemal.

Il était en effet clair que le désir de la Grande-Bretagne de donner la Thrace et les îles de la mer Égée à la Grèce, plus l'administration de Smyrne, relevait de la volonté d'anéantir la Turquie. La Grande-Bretagne tenta le coup.

Cette guerre aboutit trois ans plus tard à la chute de l'Empire ottoman, à la proclamation de la République turque et à la négociation d'un nouveau traité plus avantageux pour la Turquie : le traité de Lausanne. Mais un traité dont le contenu et le sens sont d'une gravité exceptionnelle.

Source : steigan.no

1) La guerre

Kemal demeura loyal à l'Empire jusqu'à l'armistice de Moudros le 30 octobre 1918, où le sultan signa la défaite. Kémal lança alors d'Ankara un appel à l'unité pour défendre le territoire turc contre l'impérialisme. Il fit appel au panislamisme, idéologie d'abord pacifiste de penseurs arabes, autour de la solidarité musulmane (ROUXEL Mathilde, *Le panislamisme : fondements et idéologie 1860-1909,* publié sur internet le 5 juillet 2016). Cet auteur précise que le panislamisme, devenant une puissante doctrine politique, et un programme d'action, outrepassa ses simples qualités spirituelles: à la fin du XIXe, il exprimait l'union de la communauté musulmane contre l'expansion coloniale occidentale.

Kemal unifia les Turcs autour d'une idéologie de résistance. L'islam servit d'instrument pour justifier une identité ethnique. Le nationalisme religieux des « jeunes turcs » refit surface.

Kémal, alors qu'il était athée, en appela à l'élite intellectuelle ottomane, et à tous les Turcs indistinctement, **en faisant référence au panislamisme au nom de l'unité du peuple turc contre l'occupant**. Cette stratégie fut d'autant plus gagnante que la doctrine du « panturquisme » avancée par les « Jeunes Turcs » imprégnait encore le peuple. L'alliance des deux eut les résultats voulus.

Les Turcs s'enrôlèrent en masse dès 1919 dans l'armée kémaliste.

Le panislamisme devint ainsi une arme pour l'émancipation des Turcs suite à la stratégie mensongère et agressive des alliés avec les accords de Sykes-Picot.

L'idéologie islamiste a ainsi jailli du double langage des belligérants de la Première Guerre mondiale et de la haine contre la colonisation.

Au sujet de l'utilisation de la religion, Henry Laurens (Conférence de 2012 déjà citée) fait une analyse saisissante des rapports entre l'indigène et le colon. Ceux-ci entretiennent en permanence la violence entre l'un et l'autre, dit-il, et « la résistance de l'indigène est de nature anthropologique, **elle se réfugie dans la religion et s'en sert comme d'une arme contre le colonisateur** ».

Ici, il ne s'agit pas de « l'indigène », mais d'une nation qui craint pour sa survie.

Le mouvement national dans lequel s'était engagé Mustafa Kemal trouva en outre un écho important dans le monde musulman en Inde et dans le monde arabe (Georges CORM, *L'Europe et l'Orient, de la balkanisation à la libanisation, histoire d'une modernité inaccomplie,* Paris, La Découverte, éd. 2003).

Mustapha Kemal était un habile chef de guerre. Après avoir évincé les armées italiennes, arméniennes, grecques, il partit en guerre contre la Grande-Bretagne pour l'indépendance de la Turquie, de mai 1919 à octobre 1922. Il avait déjà infligé à la Grande-Bretagne une terrible défaite aux Dardanelles en 1915.

Les kémalistes furent victorieux au bout de quatre années de conflit et négocièrent le traité de Lausanne. Mustapha Kémal deviendra Atatürk (qui signifie « Le père du peuple ») en 1934.

2) Le soutien de la Russie

Mustapha Kémal prit contact au cours du conflit avec la Russie bolchevique, dont il ne partageait pas les idées, pour fixer les frontières nord-est de la Turquie avec elle, tandis que la Russie reconnaissait le mouvement national turc et lui donnait des armes. Ils avaient le même ennemi, leur alliance était scellée. (*Le réveil des peuples colonisés sous l'égide de la Turquie* (1919-1923) Sultane Aydin. Dans *Guerres mondiales et conflits contemporains* 2013/2, n° 250, pp. 111 à 125).

Mustafa Kémal sera donc très fortement soutenu et aidé par la Russie qui a besoin d'un régime nationaliste fort et ami à ses portes.

Kemal chercha aussi des alliances auprès des nationalistes allemands.

Dès 1918, les Jeunes-Turcs et les bolcheviks se rencontrèrent donc par l'intermédiaire du bolchevik russe Karl Radeck. Celui-ci avait d'excellentes relations avec les nationalistes allemands.

Les bolcheviks commencèrent à négocier avec Talaat et Enver, mais ils préféreront finalement Mustafa Kémal, dont ils pressentaient qu'il s'agissait là d'un futur homme d'État.

En avril 1920 Mustafa Kémal rencontra lui-même les bolcheviks. En schématisant, Mustafa Kémal aidera les bolcheviks à soviétiser (par les armes) trois républiques de Transcaucasie : l'Azerbaïdjan, la Géorgie, l'Arménie (ce qu'il en reste), en échange de quoi les bolcheviks et la Russie l'aideront à renforcer l'armée turque (transfert d'armes et d'or).

3) L'épuration ethnique

Avec l'aide de la Russie communiste, les forces kémalistes turques écrasèrent dans un premier temps les Arméniens, ne laissant à ces derniers que le petit territoire de l'Arménie actuelle, au cœur du Caucase.

Puis elles chassèrent violemment du territoire les 1,3 million de Grecs, la Grèce voulant Smyrne. Ceux-ci, en retour, expulseront alors 300 000 Turcs ou Grecs islamisés de Grèce. Cette « épuration ethnique » se fit de part et d'autre dans une rare violence, les uns et les autres pratiquant la politique de la terre brûlée. Ceux qui furent autorisés à rester subiront de telles discriminations qu'ils seront obligés de s'exiler dans les années qui suivront.

L'idéologie des Jeunes-Turcs, au sujet de cette guerre, est ainsi résumée par Wikipédia (2016) :

« - *La ferme détermination de ne tenir aucun compte des aspirations des nationalités non turques habitant l'Asie Mineure, entre autres les Kurdes.*
- Ne laisser ni à la Grèce ni à l'Arménie aucun pouce du territoire de l'Anatolie. (« Il est impossible qu'un seul pouce de terrain de nos vilayets soit attribué à l'Arménie ou à quelque autre État »).

Avec le soutien et l'armement bolcheviks, la guerre d'indépendance de la Turquie fut à la fois une guerre civile ottomane, une guerre de conquête turque émaillée de conflits arméno-turc et gréco-turc, et une guerre internationale qui opposa la résistance nationaliste turque menée par Mustafa Kemal aux puissances alliées victorieuses de l'Empire ottoman incarnées par la Grande-Bretagne.

Les armées kémalistes « forcèrent » les Alliés à renoncer aux clauses du traité de Sèvres et à négocier le traité de Lausanne en juillet 1923.

C'est Mustafa Kémal, non impliqué dans le génocide, qui contraindra les Alliés à conclure un nouveau traité avec la Turquie, en remplacement du traité de Sèvres, jugé infamant.

La guerre d'indépendance aura pour conséquence de provoquer la chute définitive du sultanat turc et du système monarchique ancestral, lequel sera remplacé aussitôt par la République turque actuelle. Ce changement radical de régime sera l'amorce d'un processus qui se poursuivra dans les années qui suivront sous la houlette du kémalisme, et aboutira à une dictature.

Après la victoire des forces kémalistes, qui ne furent ni plus ni moins que la continuation « des Jeunes-Turcs », les procès contre les génocidaires furent suspendus le 13 janvier 1921.

Conclusion : La guerre pour l'Indépendance fut à l'origine de la République turque dont le nationalisme totalitaire, et la proclamation de l'islam comme religion d'État en firent un État religieux qui va devenir un modèle dans le Proche-Orient.

Rappelons ce que nous écrivons plus haut et que nous cherchons tous à oublier : « ***L'idéologie islamiste** a ainsi jailli du double langage des belligérants de la Première Guerre mondiale et de la haine contre la colonisation* ».

Kémal devenu Atatürk tentera d'adoucir le caractère de cet État en le proclamant laïc.

Le traité de Lausanne qui s'ensuivit, illustra la traîtrise des Occidentaux, mais également entérina le pouvoir d'Atatürc, et la nouvelle Turquie.

Il accepta les nouveaux rapports de forces dans la région.

L'espoir de l'État Nation pour l'Orient et le Moyen-Orient disparut.

Chapitre VI

Le contenu du traité de Lausanne du 24 juillet 1923
Le traité de Lausanne – 1923

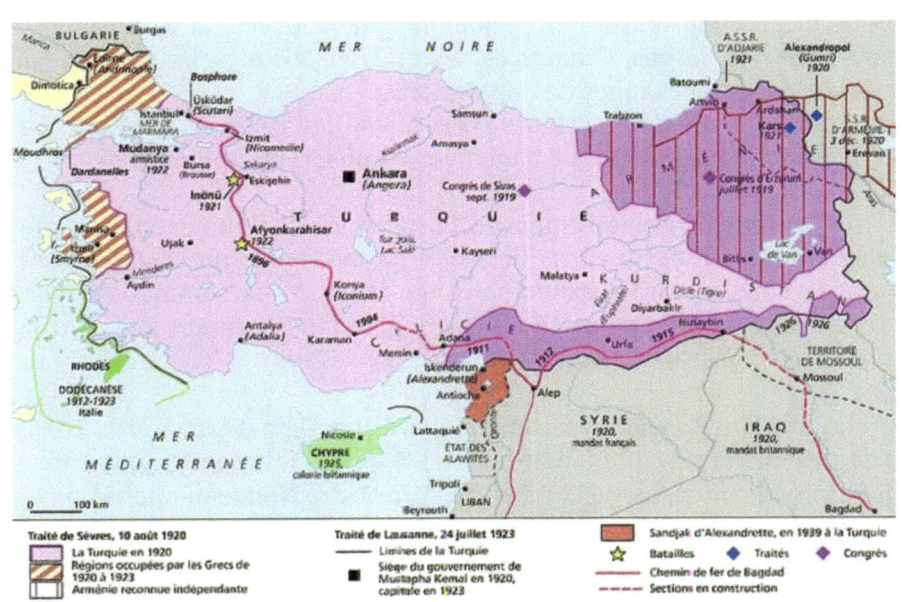

Source : memoiresdeguerre.com
© Roger Cousin

Le traité de Sèvres n'avait donc pas pu être signé.

La Turquie ne pouvait accepter d'être dépecée à son tour, après l'Empire ottoman. La Grande-Bretagne tenta de passer outre et échoua. Elle fit alors surgir le panislamisme en même temps qu'une nouvelle Turquie sous les traits d'un nationalisme religieux autoritaire, laquelle marquera de façon indélébile le traité de Lausanne. Les mêmes belligérants que ceux du traité de Versailles se retrouvèrent autour de la table de négociation, mais semblaient n'en avoir tiré aucune leçon. Écraser l'Allemagne avait fait surgir un nationalisme revanchard, mais ils n'en eurent cure, et ils se risquèrent à nouveau à faire la même chose avec la Turquie, sauf que celle-ci eut gain de cause. L'Europe accepta.

L'ordre européen établi à Versailles ne fut pas affaibli. Le traité conforta le pouvoir colonial de la France et surtout de la Grande-Bretagne.

Le nouveau traité fut signé le 24 juillet 1923 à Lausanne entre la Turquie, la France, l'Italie, la Grande-Bretagne, le Japon, en tant que puissances victorieuses. Et également par la Grèce, la Roumanie, le royaume des Serbes, Croates et Slovènes et la Bulgarie, en tant que cosignataires d'échanges de populations.
Comme pour le traité de Versailles de 1919, il n'y eut pas d'invitation faite à la Russie d'envoyer un observateur bolchevik.

Le journal Suisse, le Temps, du 12 juillet 2023, fit un exposé de cinq pages sur les conséquences du traité de Lausanne, un siècle auparavant et commémora l'anniversaire du traité. Nous sommes d'accord avec l'exposé, en notant toutefois que le surgissement du panislamisme n'a pas frappé l'auteur de l'article.

Le contenu du traité est rappelé par Alban Dignat (*Hérodote*, 2015), l'un des meilleurs commentateurs. Il est vu à la fois comme une consolidation du colonialisme et l'arrivée d'un Ordre Nouveau imposé par la Turquie.
Résumons :

1) La fin des rêves d'indépendance et le mépris des nationalités

Les Turcs récupérèrent une pleine souveraineté sur les Détroits, Istanbul et son arrière-pays européen, ainsi que sur l'Arménie occidentale, la côte orientale de la mer Égée (Smyrne, Éphèse…), le Kurdistan occidental, lequel n'obtint donc pas l'indépendance pourtant promise.

Les Kurdes, qui représentaient une population importante parlant plusieurs langues proches de la langue iranienne et constituaient potentiellement une vraie nation, se virent donc dépouillés de la possibilité d'avoir un État indépendant comme promis depuis longtemps. La population kurde était dispersée dans quatre pays : la Syrie, l'Irak, l'Iran et la Turquie. Bien qu'ayant, pour partie, prêté main-forte aux génocidaires du peuple arménien, sous l'Empire ottoman, les Kurdes avaient toujours été proches des Arméniens et des pays occidentaux par leur principe de respect entre les femmes et les hommes et par leurs idées progressistes.

Ce fut également la fin du rêve de l'indépendance arabe.
L'abandon du projet de la « Grande Syrie », si cher au cœur des Arabes, sera confirmé par les alliés. La Palestine sera de toute façon considérée par les Britanniques comme ne pouvant faire partie d'un projet arabe, la Grande-Bretagne ayant les siens à son sujet. La Grande-Bretagne rendra la Transjordanie tout de suite indépendante de la Palestine, sous mandat britannique, faisant ainsi « une fleur » aux nationalistes arabes.
Les frontières de l'Irak furent dessinées et Mossoul attribué à l'Irak, alors que Kémal revendiquait cette région. En effet, les britanniques avaient déjà des parts dans le gisement pétrolier du nord de l'Irak, à Kirkouk (pas loin de Mossoul) et obtinrent un mandat sur l'Irak.

La France obtint un mandat sur la Syrie et le Liban.
La Grande-Bretagne eut également un mandat sur la Palestine. Elle avait déjà un protectorat de fait sur l'Arabie. Représentons-nous le royaume colonial de la Grande-Bretagne dans la région : Soudan, Égypte, Arabie, Inde, Irak, Palestine !
Ces États devaient subir un mandat en attendant « *d'être capables de se conduire seuls* » ! Aboutissement du droit des nations à disposer d'elles-mêmes !
C'est donc le triomphe des visées coloniales à travers ces mandats.

Le contrôle des alliés sur les forces armées turques sera aboli en échange du maintien de la zone démilitarisée des détroits des Dardanelles et du Bosphore.

2) Le principe des échanges de populations

Au sein de la guerre de la Turquie contre les Grecs et la Grande-Bretagne, les kémalistes « invitaient » (obligeaient) les minorités turques des pays voisins (des Turcs de Roumanie, des Bulgares de Roumanie) à rejoindre la Turquie, et souhaitaient les échanger contre les minorités chrétiennes de Grèce et de Bulgarie vivant en Turquie.

Des centaines de milliers de personnes furent concernées par les conditions décrites précédemment. Mais Constantinople, les îles des Princes, Imbros et Ténédos sont exemptés de ces obligations d'échanges.

Est-ce que ce ne fut pas de fait une initiation aux échanges de populations qui eurent lieu en Inde en 1947 puis au Bengale ?

Les Occidentaux renonceront au droit de regard sur le sort fait aux chrétiens en Turquie.

3) L'abandon confirmé du modèle européen de l'État-nation

Nous reprenons ici ce qu'écrit l'auteur de l'article du journal le Temps (opus cité) au sujet de cet abandon : « *...Lausanne évoque la fin de rêves d'émancipation et de création d'États nationaux qui paraissaient prendre forme dans le contexte du premier conflit mondial... les revendications nationales (des peuples de l'Empire ottoman) s'inspiraient des aspirations à la création d'États-nations en Europe tout au long du XIXe siècle... La formation d'États-nations en Europe à la suite de la défaite des Empires allemand et austro-hongrois a soulevé un énorme espoir parmi les peuples de l'Empire ottoman... les rivalités des puissances impérialistes vont conduire à l'abandon de leur engagement en faveur de la libération de ces peuples et de la création d'États-nations tant espérés. C'est là la cause profonde d'un vif ressentiment à l'encontre du Traité de Lausanne, ce dernier illustrant la trahison des promesses et des valeurs proclamées par les puissances européennes.* »

Ceci est tout à fait conforme à notre pensée. Quelques précisions cependant. Nous avons souligné précédemment que le colonialisme britannique avait poussé au nationalisme religieux. Les modalités de l'indépendance turque en furent une parfaite illustration. Mais le Tanzimat, qui avait duré 40 ans, avait indiqué la profondeur du désir d'État-nation, selon le modèle européen, au sein des nations de l'Empire ottoman. C'est bien l'histoire européenne qui avait porté l'idée et la réalité d'un État-nation à vocation démocratique, rassemblant plusieurs peuples, langues et religions, aussi bien en France, qu'en Italie, en Allemagne ou en Grande-Bretagne, malgré des différences et des difficultés. **La règle des mêmes droits pour tous,** synthétisée dans un texte constitutionnel échappant largement aux Églises, était enviée, dans le cadre d'un projet commun.

Cette perspective riche pour l'avenir fut supplantée par des appétits de pouvoir qui firent valoir d'autres projets.

Pour résumer, un État-nation est caractérisé, entre autres, par une Constitution démocratique, par la reconnaissance des mêmes droits pour tous, par la séparation des pouvoirs, par un parlement, par la relative indépendance du « politique » vis-à-vis du « religieux »... et par un « état civil » qui appartient à une administration civile de tous les citoyens, qui échappe à une dictature de droit divin. **Le mariage civil, distinct du mariage religieux, fut un marqueur,** permettant des unions entre peuples différents, entre citoyens de religions différentes. Or précisément le mariage civil est rejeté dans les États religieux de tous types, y compris en Israël.

L'État-nation ne fut pas pourtant une panacée démocratique, il y demeura longtemps une vive opposition à l'organisation indépendante des ouvriers, les statuts entre hommes et femmes restèrent très différents au niveau du droit, résultat de la présence du patriarcat qui est une constante historique. Il y demeura souvent une intervention religieuse sur le pouvoir politique. Seule la laïcité permettra la séparation légale des deux pouvoirs.

Lausanne ne se réclama donc pas de l'État-nation, loin de là. Il l'enterra.

4) La promotion du nationalisme religieux

Nous faisons encore une fois état de cette question qui est fondamentale pour les années qui suivirent.

La guerre de la Turquie contre la Grande-Bretagne de mai 1919 propulsa donc une nouvelle idéologie, le panislamisme, comme arme de résistance entre une nation qui revendiquait son indépendance et une puissance colonisatrice prépondérante.

Celle-ci en fit les frais, mais elle n'ignorait pas la puissance que peut avoir le nationalisme religieux, quand les voies d'opposition politique ont été anéanties par la répression, par exemple en Inde. Elle savait l'usage qu'on pouvait en faire, en ne contestant pas par exemple les intellectuels musulmans indiens lorsqu'ils affirmèrent qu'une religion est un système social enviable à lui seul. Elle le savait d'autant mieux que déjà les « Jeunes-Turcs » en firent usage en rétablissant en 1908 la constitution abolie par le sultan en 1878, non pas pour construire un État-nation, mais un pouvoir rapidement nationaliste religieux.

Avec la nouvelle version du panislamisme, on en revenait quasiment au pouvoir de droit divin. C'est ce qui se passera en Inde et fera croire qu'hindous et musulmans ne pouvaient plus continuer à vivre ensemble.

Sans l'écrire, mais en donnant une grande place à la Turquie dans les ultimes négociations, le traité de Lausanne prépara puis promut cette nouvelle sorte d'État l' « État ethnoreligieux » dont le grand concepteur fut la Turquie. Son contenu porté par le panislamisme ressurgira en Inde C'est ainsi que la Grande-Bretagne favorisera dans son empire colonial en Inde, l'idéologie selon laquelle les Indiens musulmans ne peuvent *continuer* à vivre avec les Indiens hindous.

Et par suite elle facilitera en Palestine, l'idéologie selon laquelle les Arabes musulmans ne pouvaient continuer à cohabiter sérieusement avec les Arabes juifs, et les Européens juifs émigrés. Ceux-ci ne pouvant, in fine, vivre que dans un État imaginé par les sionistes avec l'aide des Écritures, c'est-à-dire l'État des Hébreux, une autre sorte d'État ethnoreligieux.

On peut dire également que lorsqu'un « parti unique » se substitue à l'État, à la Constitution, à un parlement élu, à la séparation des pouvoirs, à une presse libre, et s'additionne parfois avec un pouvoir religieux, on a devant soi un « État de parti unique », qui peut s'assimiler dans la forme à un État de droit divin, où l'état civil des citoyens appartient à une administration entre les mains du Parti unique. L'URSS va ouvrir une période propice à ce type d'État.

On avait déjà vu, à la fin du XVe siècle, la théocratie catholique absolutiste espagnole chasser des Royaumes d'Espagne à la fois les juifs et les musulmans (qui avaient pourtant vécu longtemps ensemble avec les Espagnols chrétiens) à moins qu'ils ne se convertissent au catholicisme. Les chrétiens d'Espagne ne devaient plus, sur ordre royal, continuer à vivre avec ceux, juifs et musulmans, dont on dira, cinq siècles plus tard, qu'ils ne sauraient également plus vivre ensemble (!).

Ce sont bien finalement les « Puissants » de ce monde qui décident qui peut vivre avec qui. Ce ne sont pas les Juifs et Arabes qui ont décidé de se séparer de l'Espagne, ce sont les Rois Catholiques, Ferdinand II d'Aragon et Isabelle de Castille qui les ont expulsés en 1492, lesquels essaimèrent alors au Maghreb, dans l'Empire ottoman, et en Europe, en se retrouvant souvent ensemble.

Ils s'y construiront des modes de vie, englobant toutes les activités de la vie par obligation, seulement dans la mesure où l'État de la nation où ils se réfugieront, n'imposera pas d'institutions communes pour tous (états civils, écoles, tribunaux, hôpitaux...).

5) La promotion du sionisme à travers le mandat britannique sur la Palestine

Nous l'avons déjà écrit, la déclaration de Balfour à l'initiative de la Grande-Bretagne, remet la question juive au cœur du débat sans le dire. Mais c'est une façon dévoyée de la traiter en s'en servant pour justifier un mandat sur la Palestine que les Arabes jugent comme une trahison.
On reviendra longuement sur cette question au Chapitre IX

Il faut rappeler encore une fois ici **l'immense différence qu'il y a entre vouloir promouvoir un « foyer juif » quelque part dans le monde (la Palestine !), comme le fit Balfour, et protéger les juifs au plan mondial par un combat pour un tribunal international chargé de punir les criminels antisémites, qu'ils soient des individus ou des États.**

6) Ordre Nouveau, nouvelle Turquie

La Turquie nouvelle qui fut partie prenante au traité de Lausanne, ne cacha pas ce qu'elle était devenue et se proposait d'être : elle prôna un État religieux despotique, un parti unique et tint un discours négationniste sur le génocide arménien. Les belligérants manifestèrent-ils qu'ils en étaient gênés ? La France des droits de l'homme ? Point du tout.

Les Occidentaux laissèrent les Turcs avoir une influence considérable dans la conclusion de ce traité, puisque la Russie des bolcheviks s'en était exclue.

Alban Dignat écrit (article opus cité) qu'en intégrant la pratique du génocide et d'« échanges » de populations, qu'il appelle des « nettoyages ethniques », **la Turquie kémaliste ouvrait la voie au nationalisme totalitaire.**

En effet, suite à la guerre que la Turquie avait menée contre la Grande-Bretagne, le nationalisme turc voulut que la population ne puisse être que turque, ne puisse avoir qu'une seule religion, l'islam (constitution de 1924, révisée en 1928), une seule langue. L'objectif était d'expulser tout ce qui n'était pas turc. La nation turque ne fut pas fondée par la volonté de populations diverses (plusieurs religions et langues) de construire, sur un territoire, un avenir à partir d'un projet commun. Les Kurdes comprendront vite qu'ils allaient devoir combattre pour le droit à l'existence. Les belligérants savaient cela et **livrèrent les Kurdes pour l'avenir à la vindicte des Turcs.** Ils furent donc directement responsables des discriminations qui durent encore.

Kémal devenu Atatürk assouplira cette politique en 1928.

Mais le traité de Lausanne, écrit Alban Dignat, permettra à l'ordre nouveau d'après la guerre, de garder les stigmates de la période précédente: **l'ère possible des génocides, l'ère des dictatures, les « échanges » de populations proches de l'épuration ethnique, la montée du totalitarisme, l'ethnicisation des nations autour de la religion, l'idéologie de la nation ethnique, l'abandon de l'idée de nation telle qu'elle avait surgi du XVIIIe siècle.**

Outre que ceci est tout à fait contraire aux espoirs suscités par les visées pacifiques de Wilson, **c'est un recul sans précédent**, écrit

Dignat, qui prépare des luttes nationales d'indépendance non pas pour le compte des peuples en vue de leur émancipation, mais pour le compte « d'ethnies » majoritaires nationalistes, où la religion sera brandie éventuellement comme projet commun.

Cet ordre nouveau constitue donc **un nouvel obscurantisme**, qui n'est pas qualifié comme tel, mais dont les pays européens prennent acte.

Au total les droits démocratiques sont bafoués.

Dans ce cadre la SDN ne fut qu'une carcasse vide.

7) L'absence d'une déclaration internationale des droits

Le traité de Versailles avait entériné le principe d'autodétermination des peuples et la création de la SDN. Même si les nations belligérantes s'assirent sur ces principes avec mépris, leur évocation montre bien qu'il y avait dans l'air des problèmes importants à traiter au plan international.

En juillet 1923, à Lausanne, en Suisse, la négociation pour un traité international de « paix », où siégeaient une majorité des pays européens, aurait dû être un tremplin pour des combats urgents pour l'avenir : l'interdiction des génocides et des épurations ethniques ! Des droits pour les minorités, entre autres les Kurdes ! La condamnation de l'antisémitisme ! Des droits reconnus internationalement pour les juifs ! La prévention des pogroms ! (L'un des derniers grands pogroms est celui de 1941 à Odessa...)

Le premier acte de Lausanne eût été en effet d'abord d'imposer la reconnaissance du génocide arménien et de le faire condamner.

Puis de s'emparer de ladite crainte des sionistes des pogroms à venir **et de faire produire une déclaration des droits concernant les Juifs**, en condamnant les Églises chrétiennes pour leur antisémitisme.

Cette déclaration des droits aurait dû contenir également l'égalité de tous les citoyens quant à leur religion et leur liberté de penser (voir les développements très importants sur cette question au chapitre IX).

Il ne s'est trouvé aucune force démocratique pour imposer ces sujets à Lausanne et faire campagne pour des droits démocratiques élémentaires ! Les partis sociaux-démocrates européens avaient-ils tous failli comme le craignait Jaurès ?

Cette « absence » qui ouvrit également la voie au nazisme découle du caractère très réactionnaire des principaux belligérants et avant tout de leur affirmation comme puissance colonialiste.

Conclusion

L'abandon du modèle européen de l'État Nation ouvrit l'ère des États despotiques de toutes sortes à la suite du modèle turc. Nous devons faire ce terrible constat alors que la révolution russe avait pourtant ouvert pour les peuples et les citoyens du monde les espoirs insensés de justice et de réformes sociales profondes. Le combat pour la démocratie ne fut pas promu par les dirigeants de celle-là. Et on ne fit pas le constat que cette absence fut la cause de la dérive vers le despotisme, notamment en utilisant la religion comme tyrannie.

La négligence d'une déclaration internationale des droits en faveur des juifs en découla-t-elle, permettant de valider les perspectives ouvertes par le sionisme ? Nous ne cesserons d'insister sur les conséquences historiques de cette absence.

Il ne faut pas se le cacher, pendant que se négociait à grand peine le funeste traité de Lausanne, l'un de ses principaux architectes se comportait, dans un pays déjà conquis, l'Inde, de la pire des façons pour y imposer une partition dont les grands traits serviront également en Palestine, sous couvert de la défense des juifs.

La Grande-Bretagne s'inspira, en Inde, très fortement de ce qu'elle avait appris du comportement des Turcs pour gagner son indépendance et aboutir à la constitution d'un État religieux. Ce type d'État fut objectivement un rempart contre un État-nation démocratique. Il suggéra très probablement la création de l'État pakistanais. Et ainsi que celle des États islamiques à venir. Comment l'Impérialisme n'y aurait-il pas trouvé son compte ?

Mettons maintenant en lumière ce qui s'est passé en Inde, comment s'est précisée l'idée de la partition, et se sont créés les éléments qui l'ont rendu incontournable. Ce fut pour les Britanniques une grande répétition pour concevoir concrètement ensuite la partition de la Palestine.

DEUXIÈME PARTIE

Quand la Grande-Bretagne a contribué à la création de l'État religieux pakistanais, contre l'unité de l'Inde

Introduction

L'Inde constitue, selon nous, un cas d'école qui permet de comprendre comment vont se créer les mécanismes de la partition de nations qui font refluer la possibilité de l'État Nation, et même son désir, au sein de peuples colonisés au cours du XXe siècle:
On retrouvera en Inde les caractéristiques coloniales propres à tous les pays occidentaux appliquées à sa situation particulière :
- La férocité de la colonisation dans le pillage et la répression
- La destruction d'une culture ancestrale du vivre ensemble (quatorze peuples, sept religions…) qui repose sur une organisation économique et sociale exceptionnelle, à savoir un artisanat du textile qui est bien plus qu'une simple activité économique, mais une culture au sens large du terme.
- Cette destruction au profit d'une industrie mécanique occidentale réductrice va promouvoir la recherche du profit comme seul moteur de la vie sociale et économique. Il y a là les bases de réflexion pour une autre civilisation qui renouerait avec un artisanat rénové.
- La création d'une famine endémique, dans un pays riche, fera passer celle-ci comme une caractéristique de l'Inde ancestrale !
- Le conditionnement d'une population particulière à l'idée de son infériorité, et à celle de son antagonisme religieux ontologique avec une autre, sera très subtilement construit.
- Le récit illustre le combat continu de la Grande-Bretagne contre la création d'une Nation plurielle de type occidental
- D'où il découle l'élaboration d'une stratégie de la « partition d'une Nation », stratégie qui fera fortune.

Deux chapitres assez longs vont suivre. Il ne fut pas simple pour la Grande-Bretagne de dominer l'Inde, une grande civilisation. Il lui fallut plus d'un siècle et demi.

Chapitre VII

La colonisation britannique en Inde
La construction de la minorité musulmane

Il ne s'agit pas ici de réécrire l'histoire de l'Inde. Quantité d'auteurs l'ont très bien fait. Notre objet est d'extraire de leurs écrits, sur quelques pages, les faits qui indiquent que la Grande-Bretagne, conquérante de l'Inde au XVIIIe siècle, l'a exploitée à l'extrême et a tenté en même temps de diviser patiemment les deux populations les plus importantes de l'Inde, les Hindous et les Musulmans. Elle a pourtant bien failli échouer tant la volonté de construire un État sur la base de l'unité des populations diverses était importante. Mais c'est la partition qui a finalement gagné.

Il existait en Inde 14 peuples dispersés dans 28 États, où sept religions et deux cent trente-quatre langues maternelles étaient disséminées, dont vingt-deux sont reconnues aujourd'hui dans la Constitution. L'Hindi est encore la langue la plus parlée.

Soulignons que **la population musulmane de l'Inde, qui fut à la pointe du combat contre le colonisateur** (1857, révolte des Cipayes) **et pour l'unité de la nation**, **finit par être instrumentalisée en « minorité persécutée »** par les Hindous grâce à la Grande-Bretagne, jusqu'à se constituer en Ligue musulmane en 1906, grâce à la « Pax Britannica ». Croyant trouver dès lors sa vraie identité dans la religion, elle se mit à penser son avenir en termes de partition, entraînant une partie des musulmans derrière elle. Dans le même temps, en 1935, le Parti du Congrès, dominé par Nehru, un hindou athée qui avait passé dix ans en prison en Grande-Bretagne après la Première Guerre mondiale, maintenait contre vents et marées le principe d'une seule nation.

Si le revirement de la Ligue musulmane put gagner une partie des musulmans à l'idée de la partition, c'est en raison du délitement économique de l'Inde.

Nous aurions en effet tort de ne voir les raisons de la partition de cette nation que dans des rapports de religions. Si les paysans et les producteurs n'avaient pas été affaiblis au cours d'un siècle de colonisation féroce, les débats politiques entre intellectuels en auraient sûrement été autres. Mais ce n'est pas ainsi qu'on a l'habitude de voir les choses.

1) La politique de destruction d'une Nation potentielle

a) L'Inde avait tout pour devenir une nation

La domination de la Grande-Bretagne fut effective dès 1757, l'Inde devint vraiment une colonie en 1858.

L'Inde, avant la colonisation anglaise, était une mosaïque de petits royaumes qui vivaient sous l'autorité formelle de souverains moghols, puis marathes (hindous), jusqu'à l'arrivée des comptoirs portugais, hollandais, français, anglais (la Compagnie des Indes orientales). Les populations musulmanes représentaient plus de 15 % de la population totale et les hindous plus de 70 %.

L'Inde avait vocation à entériner en droit le fait d'être déjà l'une des plus grandes nations du monde, riche de sa diversité et de sa tolérance.

La variété des peuples producteurs, qui pratiquaient des religions et des langues différentes, constituait de fait une sorte de fédération naturelle de petites nations regroupant plusieurs entités culturelles, économiques et géographiques bien distinctes, mais dont les liens forts étaient l'organisation artisanale d'activités séculaires issues du textile: la culture du coton et de la soie, le tissage, les teintures, les dessins pour les tissus, les tapis, les broderies, les cachemires, les velours...

Toutes sortes de droits existaient. Le droit pénal musulman y était très répandu, le droit hindou sur le statut personnel l'était également. Les confréries soufies étaient très importantes.

Mais surtout ce qui permettait d'administrer toute la population, alors qu'une majorité est non musulmane, était le droit « hanafite » qui est une conception du droit musulman qui s'appuie sur une vision globale de la société selon des critères qui peuvent s'appliquer à tous sans discriminations. Le raisonnement, l'opinion personnelle, la jurisprudence sont privilégiés (Naveen Kanalu Ramamurthy, *Le droit hanafite dans l'Empire moghol. Institutions, normes et pratiques islamiques en Inde* (1650–1700) Conférence du 14-12-2023 au Collège de France).

De plus si la langue arabe était privilégiée pour le droit, la langue persane ou les langues régionales étaient utilisées dans l'administration.

Si ces petites nations disposaient d'une certaine autonomie dans leur administration, une interpénétration intéressante existait entre les diverses sortes de droits, les cultures, les langues, les religions, sans qu'aucun peuple ne pense y perdre, tant l'artisanat reposait sur des bases culturelles et artistiques de haut niveau.

Ce qui faisait la richesse de ce pays était donc son artisanat en plein épanouissement sous l'Empire moghol, sans compter ses deux récoltes annuelles de riz.

Nous avons l'air de décrire un monde idyllique. Il n'en est pourtant rien, même si la tolérance était une exigence pour le vivre en commun. En effet les discriminations très importantes entre hommes et femmes reflétaient un monde patriarcal très fort, et les castes, les hiérarchies professionnelles entre métiers, les privilèges étaient légion et entretenaient des injustices très nombreuses.

Néanmoins la société indienne, façonnée entre autres, par l'Empire moghol, était prête pour devenir une Nation unie et diversifiée, et c'est ce pourquoi lutta le dernier Moghol Zafar avant d'être destitué par la Grande-Bretagne.

Celle-ci, pour s'emparer de la société indienne, y provoqua immédiatement des famines. Cela a fait l'objet de nombreux écrits tant ce fut impressionnant.

b) Les famines coloniales

La plus grande famine est celle du Bengale en 1770.

La Grande-Bretagne commença par accabler l'Inde d'impôts pour financer son armée et sa présence. Elle provoqua des famines dès avant la concurrence dévastatrice des métiers à tisser mécaniques vis-à-vis des métiers à tisser à bras.

L'auteur indien Sushovan Dhar, analysant le mécanisme de ces famines, met en cause le siphonnage des richesses de l'Inde dans de longs développements, il écrit par exemple :

« Dadabhai Naoroji, une personnalité importante de la politique indienne au XIX° siècle, a estimé à 200 à 300 millions de livres sterling la ponction annuelle opérée en Inde par le Royaume-Uni. Ce système de siphonnage utilisait différents canaux, essentiellement des envois d'argent par des Européens installés en Inde, qu'il s'agisse de placement d'économies, d'achats de biens, de paiement d'intérêts sur des dettes encourues en Grande-Bretagne (à l'exception des emprunts pour la construction du chemin de fer et d'autres dettes contractées dans un cadre productif). Par ailleurs l'Inde, en tant que colonie britannique, était contrainte de payer les frais de son gouvernement par le pouvoir colonial, dont le maintien de l'armée, les dépenses de guerre, les pensions des fonctionnaires à la retraite. » (www.cadtm.org/L... *L'Inde et l'Empire britannique,* par Sushovan Dhar, octobre 2019).

Ceci est repris par Marx dans « La genèse du capitalisme industriel » in *Le Capital* (ch XXXI), qui écrit « *D'après une liste présentée au Parlement, la Compagnie et ses employés extorquèrent aux Indiens, de 1757 à 1760, sous la seule rubrique de dons gratuits, une somme de six millions de livres sterling ! De 1769 à 1770, les Anglais provoquèrent une famine artificielle en achetant tout le riz et en ne consentant à le revendre qu'à des prix fabuleux* ».

c) La ruine économique de l'Inde : la destruction de l'industrie textile indienne par le libre-échange et l'arme de la productivité du travail

L'industrie artisanale des tissus de coton et de soie, grâce aux métiers à tisser à bras, faisait la richesse des classes moyennes indiennes, richesse qui irriguait toute l'économie, faisait vivre des milliers d'Indiens, quelle que soit leur religion, et jouissait d'une réputation mondiale, pour la qualité des tissus, de leurs dessins, de leur teinture. Ces tissus indiens étaient exportés dans tous les pays et en Grande-Bretagne, par l'intermédiaire de la Compagnie des Indes orientales.

Les voyageurs de l'époque, surtout en langue anglaise, en font des témoignages très éloquents dans leurs écrits.

Cette industrie artisanale du filage et du tissage qui se développait bien avant le XVIIIe siècle nécessitait non seulement une grande qualification, mais la culture du coton dans toute l'Inde. Cette culture se doublait de la culture du riz (deux récoltes pas an), base de l'alimentation. Une importante paysannerie en vivait.
À n'en pas douter, on avait là les bases d'une unification économique et sociale qui annonçait les éléments d'une nation, dans le cadre d'une diversité culturelle exceptionnelle.

Pour parfaire sa mainmise sur l'Inde, la Grande-Bretagne, en tant que puissance coloniale, la soumettra en la ruinant par **l'innovation du métier à tisser mécanique** contre le métier à bras et **par le libre-échange,** exactement comme elle le fera avec l'Égypte cinquante ans plus tard.

La Grande-Bretagne était importatrice des cotonnades de l'Inde au XVIIIe siècle, c'est la raison pour laquelle elle était entrée en contact avec ce pays par le biais de comptoirs. Elle ne pouvait espérer soumettre économiquement ce pays qu'en en faisant un pays importateur de ses marchandises et non l'inverse, ce qui n'est pas le cas au milieu du XVIIIe siècle.

C'est donc l'innovation du métier à tisser mécanique, à la fin du XVIIIe siècle, qui changea la donne.

En 1785, Edmund Cartwright inventa le métier à tisser mécanique entraîné par la machine à vapeur. L'objectif pour les Britanniques était de produire le plus rapidement possible des cotonnades de même qualité qu'en Inde et d'inverser les courants commerciaux.

La Grande-Bretagne imposa alors le libre-échange à sens unique. Les effets ne furent pas immédiats, mais assez rapides. Les cotonnades anglaises furent vendues moins cher que les cotonnades indiennes par l'effet de la productivité du travail qui diminua le coût du travail. Les entreprises artisanales indiennes périclitèrent. La Grande-Bretagne obligea alors l'Inde à importer des tissus anglais.

L'un des premiers théoriciens commentateurs de ce désastre fut Marx dans le *discours sur le libre-échange (*1848) ainsi que dans des échanges de lettres avec Engels et dans la presse anglaise en 1853.

Ceci est rapporté en détail par l'anglais Palm Dutt (*L'Inde aujourd'hui et demain*. Éditions sociales. 1956, Chap. 4 et 5).

(Également Claude Markovits « L'Inde dans l'économie mondiale au XIX° siècle », in *Revue d'histoire du XIXe siècle,* 2018/1, n° 56, pp. 17-32.).

À partir de 1790 la Grande-Bretagne devint exportatrice de cotonnades et ravit ainsi la place de l'Inde dans le monde.

La Grande-Bretagne imposa des droits de douane élevés sur les importations de cotonnades venues d'Inde ainsi que le libre-échange en Inde !

En 1843, celle-ci, qui a beaucoup résisté, devint importatrice des cotonnades britanniques tandis que les entreprises artisanales indiennes firent faillite en grand nombre. Les ouvriers indiens retournèrent à la terre.

C'est à ce moment que le gouverneur général de l'Inde, Lord William Bentinck, écrivit que « *les os des tisserands blanchissent les plaines de l'Inde* », citée par K. Marx dans *Le Capital*, livre I. (cité par Markovits).

Une misère effroyable s'ensuivit. Les paysans ne cultivaient plus assez de riz, mais beaucoup de coton pour les Anglais qui en avaient besoin. Les Anglais firent également pousser en Inde des arachides pour l'exportation (!)...

Cette misère ne provint pas uniquement du tissage mécanique, mais également du pillage de l'Inde par la Grande-Bretagne dont Palm Dutt fait état. Les métiers à tisser mécaniques n'entraînèrent pas la misère seulement en Inde, mais dans le prolétariat anglais, à Manchester et provoqueront le mouvement luddiste en 1810 en Grande-Bretagne, mouvement qui sera réprimé avec une grande violence. (Engels. *La classe ouvrière en Grande-Bretagne*. Éditions sociales).

À l'arrivée des Anglais, les campagnes étaient sous la domination des « Zamindars », collecteurs d'impôts, au service des petits États princiers. La Grande-Bretagne en fera des propriétaires fonciers alors qu'il n'y avait pas de propriété privée de la terre. L'exploitation paysanne s'accrut. La question de la réforme agraire qui touchait l'ensemble des paysanneries était le grand problème de l'Inde comme de tous les pays du monde dominés par les grands propriétaires terriens.

Il s'ensuivit une sous-alimentation chronique et des émeutes fréquentes contre les Zamindars dans les campagnes, qui pouvaient être alimentées par d'autres hostilités larvées. Nous n'avons pas de documents faisant état des confrontations religieuses des paysans et des Zamindars qu'on trouve surtout au nord. On parle de communauté de Zamindars hindoue. Faut-il penser que les grands propriétaires fonciers sont surtout hindous ?

Mais il est sûr que des confrontations entre classes sociales eurent lieu sans que l'on sache si la religion en était également l'objet.

Les systèmes fonciers ne furent pas mis en question par les Anglais, alors que les prélèvements sur la production étaient très importants. De même, les systèmes d'irrigation ne furent pas le souci de la Grande-Bretagne sauf pour les plantations d'exportation.

Les réserves des agriculteurs étaient donc souvent très réduites, entre autres par le maintien d'une politique d'exportation vers l'Europe de produits de plantation, mais aussi de céréales.

La destruction économique ne fut pas suffisante pour venir à bout de la résistance de l'Inde. Il fallut les armes de la division et de la répression.

2) - La stratégie de division par la Grande-Bretagne à partir de la religion

a) Une stratégie de grande puissance, de discorde et de répression à long terme

Les nombreux auteurs qui ont écrit sur l'Inde soulignèrent tous que la stratégie immédiate de la Grande-Bretagne fut la recherche de la division entre hindous et musulmans.

Ainsi : « *Afin de maintenir sa domination, le Raj britannique mit délibérément l'accent sur les différences entre les communautés religieuses et ethniques. Comme l'explique le géographe A. J. Christopher, les administrateurs coloniaux utilisèrent des caractéristiques telles que la religion et la couleur de la peau pour ségréguer et isoler leurs sujets.* » (*La partition de l'Inde* : De Erin Blakemore Publication, 5 août 2022, National Geographic).

Dans un autre ordre d'idée, Wikipédia, parlant de la création d'un corps de fonctionnaires en Inde, indique que les nominations furent arbitraires : En 1887, on comptait 21 000 nominations de fonctionnaires moyens, dont 45 % d'hindous, 7 % de musulmans, 19 % d'Eurasiens (père européen et mère indienne) et 29 % d'Européens.

La Grande-Bretagne « ethnicisa » la religion, en nommant les fonctionnaires selon leur « religion » et non pas selon leur appartenance à un « peuple » (rappelons qu'il y a quatorze peuples dispersés dans 28 États et sept religions dans les régions indiennes).

Selon nous, la meilleure analyse et la plus fouillée sur cette question est celle de Max-Jean Zins qui s'attache à démontrer comment le rapport de forces colonial convainc une minorité religieuse qu'elle est nécessairement persécutée, et une minorité dans tous les domaines : intellectuel, politique, moral. Cela ne peut que faire penser au même processus entre Tutsis et Hutus par le colonisateur belge.

Zins avance la **thèse selon laquelle la Grande-Bretagne a fabriqué une « minorité » en Inde**, laquelle ne s'était jamais sentie telle, puisqu'au contraire, ladite « minorité » se montra à la pointe du combat contre la Grande-Bretagne, pendant tout le XVIIIe jusqu'à plusieurs années après la « révolte des Cipayes » au XIXe siècle.

D'après cette thèse, la « minorité » religieuse musulmane, qui était présente dans toutes les diverses régions indiennes, intégrera peu à peu qu'elle était une minorité à l'intérieur de chaque peuple et chaque État, c'est-à-dire peu de choses. C'est la seule chose que théorise ouvertement la Grande-Bretagne. (Max-Jean Zins : *Le mécanisme d'une fabrique coloniale : la minorité musulmane du sous-continent indien,* pp. 99-112, Presses universitaires de Strasbourg - Albin Michel, 2013).

Il écrit ainsi « *Loin d'être une création spontanée de l'esprit, la notion de minorité est le produit d'une "fabrique" humaine qui naît et se développe dans un contexte précis ; comme tout concept politique, elle est l'enfant d'une histoire complexe.* »

Il poursuit : « *Autant dire que lorsqu'il s'agit d'analyser le cas de la minorité musulmane du sous-continent indien, on atteint tout le tissu historique de l'Inde moderne à partir du moment où ce pays commence à se forger en tant que nation. L'étape coloniale de cette histoire est déterminante, car c'est elle qui voit et fait naître la notion de "minorité musulmane" du sous-continent indien.* »

Zins nous raconte également l'histoire de Tipoo Sultan, qui fait partie de la dynastie moghole, dirigeant de la nation du Mysore (sud-ouest de l'Inde, aujourd'hui Karnataka), au XVIIIe siècle, et qui meurt les armes à la main en 1799, contre l'armée de la Grande-Bretagne.

Tipoo découvrit donc non seulement le colonialisme, mais encore le nationalisme britannique, en s'y confrontant (car il jugeait la menace mortelle). Selon Zins, il contribua par contrecoup à semer les premiers germes du sentiment national indien. Tipoo engagea en effet contre l'occupant un combat sans concession et il appela à la révolte et à la guerre. Il constitua une armée hindoue et musulmane contre les Anglais, se bâtit dans quatre guerres et mourut.

Zins constate que les facteurs religieux s'imposaient comme étant les plus importants pour la Grande-Bretagne, alors que pour Tipoo Sultan, ce qui divisait musulmans et hindous était « quand même » moins important que ce qui les opposait aux Britanniques. C'est dans ce « quand même », souligne Zins, que cette indianité déjà agissante sur les champs de bataille trouva le creuset du futur nationalisme indien.

Cinquante ans après la mort de Tipoo Sultan a lieu la grande révolte des Cipayes.

b) La révolte des Cipayes de 1857 illustra la conscience du nationalisme indien

La Grande-Bretagne avait intégré les cipayes dans l'armée britannique, créa une justice et une administration de l'Empire. La conscience d'appartenir à une même nation avait progressé. Les Britanniques en firent l'amère expérience quand éclata la grande révolte armée de 1857.
Une mutinerie des soldats musulmans et hindous de la Compagnie des Indes éclata. Les Anglais mettront un an pour la vaincre militairement. (Sur cette révolte, Max-Jean Zins cite Markovits, Claude : *Histoire de l'Inde moderne, 1480-1950*, Paris, Fayard, 1994).

Les raisons de la mutinerie sont multiples, mais tournèrent à la révolte généralisée, dans une période qui est déjà celle de la concurrence industrielle britannique. Le commentaire suivant est fait : « *L'exemple le plus frappant est l'exportation vers Liverpool du coton brut, manufacturé dans les filatures mécaniques du Lancashire et réexporté à Bombay ou Calcutta sous forme de produits finis, dont les quantités et les bas coûts de revient provoquent la ruine de l'artisanat indien. Dans le Manifeste qu'il adresse à la population au début de la révolte des Cipayes, l'empereur moghol, Bahadur Shah, dénonce la politique des Anglais qui, en introduisant massivement leurs productions,* « *ont privé d'emplois les tisserands, les travailleurs de la confection, les charpentiers, les forgerons, les cordonniers [...] si bien que toutes les catégories d'artisans indiens ont été réduites à la mendicité* ». « *Il est bien connu de tous, ajoute-t-il, qu'en ce temps les peuples de l'Hindoustan, hindous comme musulmans, sont ruinés sous la tyrannie et l'oppression des infidèles et perfides Anglais.* » (Guy Saupin & Éric Schnakenbourg (Dir.) : *L'art de la guerre, Les armées britanniques contre les Cipayes,* in *Expériences de la guerre, pratiques de la paix. Hommage à Jean-Pierre Blois*, 2013, Presses universitaires de Rennes, 2013).

Les Cipayes rendirent le soulèvement irréversible en massacrant des Européens. Des principautés rejoignirent la révolte, dont Delhi, siège des Moghols. Toutes les raisons de mécontentement étendirent l'insurrection à de nombreuses régions.

L'unité entre musulmans et hindous fut quasi totale. Elle expliqua l'ampleur de la répression. Des centaines de milliers d'Indiens furent massacrés, fusillés, dépossédés de leurs biens, chassés de leur terre, emprisonnés, exilés. Le dernier empereur moghol, aveugle et poète, qui avait justifié la révolte, fut déporté à Rangoon en Birmanie... La ville de Delhi, alors l'une des plus riches en palais de toute l'Asie, fut bombardée et ravagée. Cette violence illustra la peur du pouvoir britannique devant le phénomène national indien naissant. (William Dalrymple, *Le dernier Moghol*, Lausanne, Noir sur blanc, 2006.)

Zins avance alors l'idée que l'axe essentiel de la politique britannique porta plus que jamais sur la division systématique entre hindous et musulmans, afin que la menace de 1857 ne se reproduisît pas. « *Elle va désormais instrumentaliser de façon systématique les différences entre "les deux communautés"* », écrit-il. Zins lui-même parle désormais en termes de communautés. Plus personne ne parle du rôle politique des peuples.

Il constate que les élites musulmanes furent les premières victimes de la répression. Il analyse qu'après 1858 « ce sont de nouvelles élites, celles religieuses, qui montent au sein de la communauté musulmane et prennent la place des défuntes. En d'autres termes, le mollah succède au prince. »

C'est l'Empire musulman moghol que Londres a définitivement renversé.

c) Le règne de la « *pax britannica* »

Après l'écrasement du soulèvement, le mouvement de libération national indien ne pourra plus jamais recourir aux armes, pense Zins.

C'est dans cette nouvelle période que s'« inventa » vraiment la notion de « *minorité musulmane* », explique-t-il. Or qui dit « minorité » dit persécution. « *La minorité* musulmane » ne fit plus face, elle recula et commença à s'inventer potentiellement une nation, un État… Les élites musulmanes furent en effet plus spécialement persécutées dans la répression. Zins cite les deux ouvrages qu'il utilise : Gaborieau Marc, *Un autre islam – Inde, Pakistan, Bangladesh,* Paris, Albin Michel, 2007, et Jaffrelot Christophe, *Les nationalistes hindous,* Paris, Presses de la FNSP, 1993).

On s'excuse de citer ce passage très important de Zins :
« *Pour résumer : la communauté musulmane se "religiosise" tout en se dépolitisant (qu'on nous pardonne le barbarisme de "religiosiser" : il prête moins à confusion que celui qui consisterait à dire que la communauté musulmane s'"islamise"). Le contraste est saisissant avec la période précédente. Alors que, jusqu'en 1857, des musulmans sont à la pointe du combat antibritannique (on a vu la place occupée par Tipoo Sultan), après cette date, ce sont des personnalités hindoues qui s'imposent comme les nouveaux leaders d'un mouvement qui se définit de plus en plus clairement comme national. Le rôle politique des musulmans s'amoindrit, tandis que grandit en son sein l'emprise d'idées religieuses nouvelles dont certaines, puisées dans les courants de pensée développés en Arabie (les lieux saints comme La Mecque, y occupent une place centrale), exhortent les fidèles à concentrer leurs actions et leurs*

pratiques sur le religieux plutôt que sur le politique. Ce qui signifie qu'au moment où s'imposent les nécessités du combat politique dans le cadre de la pax britannica, une partie des intellectuels musulmans s'abstrait du jeu politique. L'éthos des musulmans n'est plus la guerre ou le pouvoir, qu'ils ont perdu avec la disparition de l'Empire moghol, il devient religieux. **Ce qui signifie que l'identité de la communauté musulmane devient avant tout religieuse.** *Telle est la fabrique des années 1860, 1870, 1880, 1890... Les Britanniques ne s'inquiètent pas de ce nouveau processus identitaire. Au contraire, ils l'instrumentalisent à leurs propres fins politiques puisqu'il offre le mérite, à leurs yeux, de geler l'activité politique d'une partie de la population (environ le quart des habitants de l'Empire des Indes de cette époque est musulman) et d'entraver le rapprochement entre Indiens musulmans et hindous.* »

Les Britanniques crurent avoir gagné la partie. Mais le Parti du Congrès qu'ils contribuèrent à construire raconte une histoire différente.

d) Le parti du Congrès national indien

La Grande-Bretagne a cherché un interlocuteur représentatif des populations indiennes et a impulsé la création du **Congrès national indien le 28 décembre 1885.** Ce dernier deviendra contre toute attente le réceptacle essentiel des aspirations nationales. Il fut alors surtout dirigé par des hindous, même s'il comptait à sa tête des musulmans laïcs. Il favorisa ainsi l'émergence d'une élite occidentalisée et unifia le droit sur l'ensemble du territoire.

Ce Congrès désira, une fois constitué, que les Indiens soient élus pour participer aux travaux législatifs avec le Vice-Roi et les gouverneurs de Provinces. La demande fut acceptée en 1892. Deux tendances s'y affrontèrent, une pour s'opposer à toute participation, les hindouistes durs, et une autre pour négocier et en tirer parti. **Cette dernière tendance est formée par un ensemble d'hindous et musulmans modérés**.

C'est ainsi que ce Congrès suscita une alliance politique entre populations d'origines religieuses différentes, ce qui ne fut pas du goût de la Grande-Bretagne. Elle fut même jugée menaçante. Cette alliance cherchait le chemin pour aller vers une nation indépendante.

Conclusion

L'Inde subit de terribles défaites : famines, destruction de son avantage économique dans la fabrication de tissus renommés, avantage détruit par les débuts de la grande industrie mécanique. Mais c'est plus que cela, c'est une civilisation qui est partiellement dévastée.

Pourtant l'Inde résista. Il fallut à la Grande-Bretagne utiliser la religion comme arme de division, ainsi qu'une terrible répression. Malgré cela le Parti du Congrès, cependant mis en place par la Grande-Bretagne, se retourna contre elle et servit de résistance à cette dernière. Alors elle tentera de s'appuyer sur des intellectuels indiens dont elle avait favorisé le séjour en métropole.

Elle tenta d'abord une partition au Bengale, par l'intermédiaire de Lord Curzon, sur ordre de la Couronne.

Chapitre VIII

La Grande-Bretagne pose le principe de la partition de l'Inde en 1905. Vers la partition de 1947

La Grande-Bretagne mit en place une trentaine de séparations administratives ou « États » pour mieux diviser et contrôler.

1) La partition administrative du Bengale en 1905

Cette tentative durera jusqu'en 1911. Elle sera mise en échec.

« *Lord Curzon, le Vice-Roi britannique des Indes, décida, sans consulter la population, de procéder à une partition de la province du Bengale, sur la base de nouvelles frontières administratives : le Bengale oriental (futur Bangladesh), à majorité musulmane (dix-huit millions contre douze millions d'hindous), et un Bengale occidental à majorité hindoue (quarante-deux millions contre neuf millions de musulmans)... !* » (Aminah Mohammad-Arif, *Le choc colonial et l'islam*, 2006).

Cette pseudo-partition montra à quel point les populations étaient mélangées dans tous les « États » et à quel point une vraie partition serait périlleuse ! Nécessitant des transferts de populations ?

Colonialiste convaincu de l'infériorité des Indiens, Curzon dut faire face à une forte résistance à cette tentative de « diviser pour mieux régner » à laquelle la Grande-Bretagne renonça en 1911 (Erin Blakemore, opus cité, et aussi *L'encyclopédie Universalis*).

En attendant, elle se solda par une levée de boucliers, non seulement au Bengale, mais dans toute l'Inde, car cette décision absurde et provocatrice visait principalement à lancer les populations les unes contre les autres, comme par hasard essentiellement les populations hindoues contre les populations musulmanes.

Le mouvement anti-britannique se renforça, mais donna lieu aussi à des conflits de religion, exactement ce que voulait la Grande-Bretagne.

Erin Blackmore raconte : Londres en profita pour instituer deux électorats séparés, l'un hindou, l'autre musulman ; ce que précisément venait de demander une délégation de princes musulmans au Vice-Roi. Après des conflits religieux, les musulmans quittèrent le Congrès et fondèrent en 1906, à Dacca, la Ligue musulmane (All India Muslim League). Celle-ci se présenta bien comme une conséquence de la partition de 1905.

Mais en 1907, en vue de renforcer l'unité, **le Parti du Congrès** exclut de sa direction les plus chauds partisans du nationalisme hindou qui définissaient avant tout l'Inde comme un pays hindou ; **il adopta la laïcité (secularism) comme doctrine, seule façon, selon lui, de maintenir l'unité entre hindous et musulmans dans le cadre d'une même citoyenneté républicaine ;** c'est, dit le Congrès, le « sécularisme » qui permettra au futur État indépendant de défendre les intérêts de chaque citoyen, quelle que soit sa religion, ainsi que ceux des différentes religions auxquelles il appartient (hindoue, musulmane, chrétienne, sikhe, jaïn, bouddhiste, etc.).

Cette position ne fut sûrement pas le fruit du hasard. Parions que les intellectuels du Parti du Congrès furent forcément au courant de la loi de 1905 votée en France.

Mais des processus contradictoires eurent lieu. La Ligue musulmane doutant de la sincérité de la Grande-Bretagne révisa en 1913 ses statuts et envisagea un « autogouvernement » de l'Inde et une alliance avec le Congrès. Dès lors Muḥammad Alī Jinnah, intellectuel musulman, ayant fait ses études de droit à Londres, encore membre du Congrès, adhéra également à la Ligue Musulmane cette même année, et devint Président de cette dernière en 1916. Représentant des classes moyennes musulmanes modernistes, il privilégia pendant quelques années encore le nationalisme indien contre le séparatisme nationaliste, et tenta un rapprochement entre le Congrès et la Ligue.

Donc rien n'était joué d'autant que la guerre suscitera de nouvelles oppositions contre la Grande-Bretagne.

2) La guerre, le massacre d'Amritsar, et la relance de la question de l'indépendance

La guerre durcira toutes les positions.

Le désir d'indépendance se manifesta très fortement après la fin de la Première Guerre mondiale lorsque les Indiens constatèrent qu'il n'y avait aucune reconnaissance de leur participation à la guerre, alors que celle-ci apparemment bien acceptée au début, a entraîné des pertes immenses chez des hommes placés immédiatement en première ligne, par exemple à Ypres dans des tranchées en Belgique. Il en résulta des milliers de morts de religion principalement hindoue, musulmane, sikh. Ces hommes se trouvèrent dans des conditions de vie très difficiles (froid et humidité, nourriture inadaptée, eau non potable). Un Mémoire en fait longuement état (cf. les Archives du ministère de la Défense. *Mémoire sur L'Inde dans la Grande Guerre, 2014).*

La révolution russe suscita également un mouvement révolutionnaire indien qui s'organisa et renforça la lutte pour l'indépendance. L'administration britannique lança une nouvelle répression.

Une commission présidée par un juge anglais, Sir Sidney Rowlatt, voulut mettre fin au mouvement révolutionnaire : « **Les Rowlatt Bill »** furent votées par le Parlement le 18 mars 1919. Elles restreignirent considérablement les libertés civiles. La possession de « documents séditieux » pouvait désormais être punie d'emprisonnement.

Les évènements les plus tragiques se produisirent au cœur du Punjab, dans la ville d'Amritsar, qui allait ainsi devenir un lieu symbolique de la lutte. Le 10 avril 1919, une manifestation avait été organisée pour exiger la libération de leaders indépendantistes. La police fit feu, tua des manifestants. Des Anglais furent tués, des bâtiments incendiés. Les troupes furent appelées, avec à leur tête le militaire Dyer qui ordonna de tirer impitoyablement sur la foule : 379 personnes furent tuées, 200 autres blessées. **Le massacre d'Amritsar devint un symbole de la lutte de libération nationale et rendit la marche vers l'indépendance inéluctable.**

Néanmoins le gouvernement britannique, témoin de la séparation formelle des nationalistes indiens entre la Ligue et le Congrès, mais d'accord entre eux pour une seule Nation, poursuivit une lutte opiniâtre en vue d'y provoquer des clivages irrémédiables, et obtenir le revirement d'Ali Jinnah. Ce moment arriva (Wikipédia, *biographie de Muḥammad Alī Jinnah*)

Les Britanniques maintinrent les mesures répressives mises en place durant la guerre.

Le Congrès vota alors le principe de la désobéissance civile, préconisée par Gandhi, jusqu'à ce que l'Inde soit libre. Ali Jinnah en désaccord quitta le Congrès.

Des années confuses de luttes entre factions suivirent, au cours desquelles Jinnah séjourna un certain temps en Grande-Bretagne. Il modifia sa position à son retour en Inde.

3) La théorisation de la partition

La Grande-Bretagne laissa théoriser la partition par des intellectuels de la Ligue musulmane, sous la forme de « la théorie des deux nations », dont elle était l'instigatrice lointaine à partir de la fable de la « minorité musulmane » persécutée par les hindous.

Cette théorie est la conséquence de l'aliénation subie par une population colonisée « minoritaire » qu'on a su convaincre de son infériorité (cf Zins). La construction de ce cette minorité fait penser aux écrits du français martiniquais Aimée Césaire (*Cahier d'un retour au pays natal*) (*ou histoire de la colonisation*) sur le malheur éprouvé de naître « nègre ». C'est ainsi qu'un peuple colonisé, et considéré comme inférieur, s'approprie le jugement du colonisateur à son égard, finit par consentir à son infériorité, déguise celle-ci et la justifie par des clichés en vogue mis à sa disposition par le colonisateur, par exemple la religion comme source de rupture.

Cette intériorisation du discours colonial se retrouve dans les écrits de Catherine Coquery-Vidrovitch (*Petite histoire de l'Afrique*. Découverte 2016).

Rien de plus facile en effet de se servir de la religion pour expliquer qu'elle est créatrice d'une « identité sociale totale », différente de toute autre, ou « d'un ordre social complet » (cf. Jinnah) en contradiction avec le mouvement d'émancipation laïc dont se réclamait le Congrès indien en 1907.

À quoi se résumait la « théorie des deux nations » ?

Formulée complètement vers 1930, fondée sur l'idée de discrimination, elle justifiait la partition de l'Inde en prévision de l'Indépendance (cf. Wikipédia issue de la version anglaise : *la théorie de deux nations*).

- les musulmans sont une minorité persécutée ;

- la religion est le facteur déterminant dans la définition de la nationalité des musulmans indiens, idée portée résolument par la Ligue musulmane à partir des années 1930 ;

- les hindous et les musulmans constituent « deux modes de vie distincts et fréquemment antagonistes, si bien qu'ils ne peuvent coexister en une même nation » ;

- dans cette perspective, un transfert de populations (c'est-à-dire le déplacement total des hindous des zones à majorité musulmane et le déplacement total des musulmans des zones à majorité hindoue) est une étape souhaitable en vue d'une séparation complète de deux États « incompatibles » qui « ne peuvent coexister dans une relation harmonieuse ».

En conclusion, la religion fondait ici la nation et non les unités régionales de l'Inde relativement homogènes, qui, à elles toutes, formaient depuis longtemps une nation.

Ce discours réducteur composé d'un concentré d'arguments-clichés, applicables à n'importe quel type de religion, entendus en Turquie, exposés plus tard en Palestine, fonctionne comme idéologie, à force d'être répété. C'est le carburant des épurations ethniques, préludes à des partitions.

Le contenu, vrai ou faux, de la religion, ou de certaines religions, érigé en discorde, fera partie du discours des intégristes de toutes sortes, autant des islamistes, que de certains « laïcs », depuis bientôt un siècle. Cette sorte d'exclusion, à partir de la religion, fera fortune.

La théorie « des deux nations » fut portée pour partie par Ali Jinnah, défenseur dans un premier temps de l'unité hindoue et musulmane au Congrès, puis Président de la Ligue musulmane. Cet homme, finalement indécis et opportuniste, fut très fortement influencé par Muhammad Iqbal, poète indien important, issu de noblesse brahmane, converti à l'islam, qui, après avoir fait des études à Cambridge, théorisa un État indépendant pour les Musulmans. Ali Jinnah abandonna peu à peu l'idée de l'unité indienne, sous couvert de déceptions politiques et d'une réflexion sur le « réveil musulman » (Wikipédia opus cité). Après une assez longue gestation, cette théorie fut reprise par cet intellectuel brillant vers 1930, et c'est ainsi que la Ligue musulmane, par sa voix, se prononça publiquement pour le principe de l'État musulman en 1940, opposé à une « nation indienne » laïque, sous les yeux bienveillants de la Grande-Bretagne.

Des organisations nationalistes hindoues trouvèrent dans cette théorie, des prétextes variés pour une « redéfinition des musulmans indiens comme étrangers non-indiens et citoyens de deuxième classe en Inde ; pour l'expulsion de tous les musulmans de l'Inde, et l'établissement d'un État officiellement hindou en Inde » (Wikipédia opus cité). La déception fut immense.

Ces théories furent combattues par Gandhi et par le Congrès.
Il s'ensuivit une détérioration des relations entre musulmans et hindous. Des conflits religieux se multiplièrent, aboutirent à des émeutes, que ces théories mortifères justifièrent.

4) le Parti du Congrès résista

Le 26 janvier 1930, à Lahore, lors de sa session annuelle, le Congrès, présidé par Jawaharlal Nehru, adopta une déclaration demandant le « Purna Swaraj », c'est-à-dire **l'indépendance complète.**

En riposte le parlement britannique adopta alors le « Government of India Act » de 1935.

La loi divisa l'électorat en dix-neuf catégories religieuses et sociales (musulmans, sikhs, chrétiens, propriétaires, commerce et industrie, etc.) et chacune reçut une représentation séparée dans les assemblées législatives provinciales : un électeur ne pouvait voter que pour un candidat de sa catégorie.

Malgré cela, le Parti du Congrès remporta les élections dans sept des onze provinces. Le succès populaire du Congrès surprit et contraria les Britanniques,

Les hindous avaient ainsi pris la relève (Jaffrelot, Christophe, *Les nationalistes hindous*, Paris, Presses de la FNSP, 1993).

Mais la partition de 1947 continua de se préparer dans l'ombre.

5) La partition de l'Inde fut imposée en 1947

Tout cela était sans compter l'arrivée de la Deuxième Guerre mondiale. Les Indiens étaient prêts à soutenir l'effort de guerre contre les nazis, mais contre la promesse de l'indépendance immédiate. Churchill qui nourrissait un mépris raciste considérable contre l'Inde rejeta la demande avec insolence et fit réquisitionner massivement en 1943 des denrées et moyens de transport, particulièrement au Bengale, dans l'est du pays, pour nourrir les troupes sur les champs de bataille, ainsi que les habitants de la Grande-Bretagne. Celle-ci fut inquiète. En effet, elle venait de connaître en 1942 une défaite désastreuse à la bataille de Singapour contre l'Empire japonais.

Churchill maintint la réquisition ; il s'ensuivit une famine sans précédent, qui provoqua la mort de trois millions d'Indiens. (*Le Monde diplomatique*, novembre 2015, *Le Crime du Bengale, la part d'ombre de Winston Churchill*, par Madhusree Mukerjee).

Cette famine fut l'aboutissement de la politique anglaise de ruine de l'économie de l'Inde, qui devint en plus une ruine de l'agriculture, commencée au début du XVIIIe siècle.

C'est dans ces circonstances, où la Deuxième Guerre aggrava tout, que la partition s'imposa, sur fond de famine et de désespoir.

Erin Blackmore (opus cité) raconte encore :

Lord Louis Mountbatten, gouverneur général de l'Inde (cousin de la reine Elizabeth II) réussit à convaincre les dirigeants du Congrès d'accepter la création de deux nouveaux États : l'Inde à majorité hindoue et le Pakistan à majorité musulmane. Il précipita sa mission, en donnant à Cyril Radcliffe, un avocat britannique qui n'avait jamais mis les pieds en Inde, cinq semaines pour diviser le pays en deux et délimiter les frontières des nouvelles nations.

Radcliffe et son équipe avaient pour c**onsigne de tracer des frontières qui respectaient les majorités religieuses et privilégiaient les frontières contiguës**. La « ligne Radcliffe » était facile à tracer dans les régions à majorité distincte, mais en général impossible à tracer, car les groupes religieux étaient dispersés dans toute l'Inde.

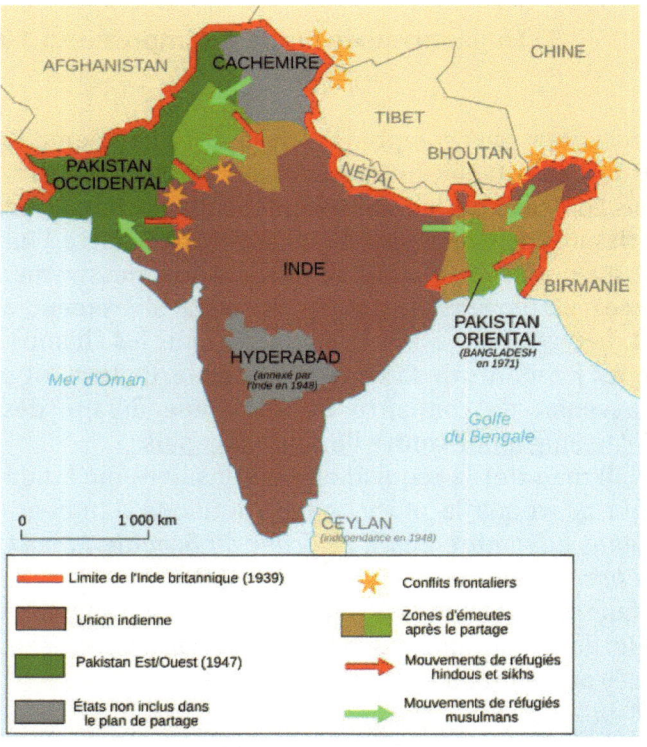

Source : Wikimédia Communs

Radcliffe et son équipe, ignorants des réalités indiennes, divisèrent alors l'Inde en deux pays, l'Inde et le Pakistan, ce dernier étant lui-même partagé en deux, et attribuèrent des groupes religieux pour environ la moitié à chaque nouvelle nation. Par conséquent, le nouveau Pakistan ne serait pas un territoire unique, mais serait divisé en deux parties distinctes, chacune d'un côté de l'Inde : la majeure partie du pays, appelée Pakistan occidental, se trouvait au nord-ouest de l'Inde, et la plus petite, le Pakistan oriental, se trouvait au Bengale, à l'est de l'Inde.

Cette décision fut désastreuse : des centaines de milliers d'hindous et de musulmans se retrouvèrent coincés dans la « mauvaise » nouvelle nation, et le Bengale fut séparé du reste du Pakistan par plus de 1 500 kilomètres.
Cela se traduisit par une violence inouïe et un bain de sang (*La partition de l'Inde* Erin Blackmore, opus cité).

Le bilan fut terrible : 300 000 à 500 000 morts, entre 10 et 15 millions de personnes déplacées. En fait les populations de l'Inde ne pouvaient être physiquement découpées et séparées tant elles étaient imbriquées les unes dans les autres. Mountbatten en fut conscient, mais ne fit rien pour stopper le processus. Beaucoup de musulmans refusèrent le départ dans les territoires désignés du Pakistan. On n'osa pas les y contraindre dans beaucoup de cas. Les hindous eurent peur et fuirent en partie les régions du Pakistan et du Bengale de sinistre mémoire, mais beaucoup refusèrent.
La plupart des écrivains et des commentateurs parlèrent d'épuration ethnique.

Conclusion

Ce serait une escroquerie intellectuelle d'expliquer que ce qui s'est passé en Inde a relevé de la guerre des religions.
Nous avons assisté du début du XXe siècle à 1947 au combat des peuples de l'Inde pour conserver leur unité en exigeant l'indépendance. Mais la ténacité de la Grande-Bretagne pour casser cette unité a finalement eu gain de cause contre la résistance des peuples. Les conséquences en furent considérables, du point de vue de la civilisation, pas seulement pour l'Inde, mais pour l'Orient et le Moyen-Orient.

Malgré sa constitution et son principe de laïcité, la majorité hindoue à la tête du Parti du Congrès avec Nehru ne s'est pas relevée de la façon dont elle a finalement accepté, sans s'insurger, une odieuse partition en 1947. Elle s'est corrompue sous le Dominion anglais après 1947 et a fini par susciter une opposition religieuse hindoue, nationaliste qui s'incarna dans un parti d'extrême droite nationaliste le BJP en 1980.

Aujourd'hui la majorité hindoue du BJP achève le travail de Mountbatten/Radcliffe et chasse les musulmans et les démocrates, conformément à ses objectifs.

Sous une forme différente, la Grande-Bretagne, qui avait obtenu le mandat sur la Palestine, n'aura aucun mal à obtenir sa partition également en 1947. Le sionisme y pourvoira pour partie.

L'impact de la partition de l'Inde

TROISIÈME PARTIE

Quand la Grande-Bretagne créa avec l'Occident l'État d'Israël
(quand l'Occident privilégia les Écritures à la démocratie)

Introduction

La troisième partie de ce livre touche certainement à ce qu'il y a de plus douloureux dans l'histoire du XXe et du XXIe siècle.

C'est bien la rhétorique du Traité de Lausanne et l'idéologie des « deux nations », issue de la colonisation de la Grande-Bretagne en Inde, qui constitue le soubassement théorique de la partition de la Palestine. **Mais en réalité la question est simplifiée par le mandat donné par les sionistes à la Grande-Bretagne, avec son accord, de construire le « Foyer juif » en 1917.** Il fonctionnera comme argument d'autorité, interdisant de fait aux belligérants de la Grande Guerre, d'introduire dans les grands débats internationaux autour de la SDN, une loi internationale sur la question juive. Cette dernière est évacuée d'office vers la Palestine, où sont mélangés l'intérêt pour les voies de commerce entre l'Inde et l'Europe, la conquête et la division définitive des territoires arabes, et le discours sioniste purement colonisateur.

Est-ce pour cela que les différents auteurs sur l'histoire de la Palestine dans l'entre-deux-guerres semblent ne pas parler de la même histoire ?

En effet les sionistes (essentiellement Georges Bensoussan), négligent complètement la position des Arabes chrétiens, musulmans et juifs, pour un seul État à naître en Palestine, mais font état de la variété des positions sionistes, et de celles des Juifs qui émigrent dans cette région, pour un État juif.

En face, les auteurs non sionistes (entre autres Nadine Picaudou, JB Duroselle) font état de la demande constante des Arabes pour un seul État de la Palestine, et négligent les positions sionistes. De plus aucune des sources conventionnelles ne fait état de la présence de communistes puis d'un Parti communiste (PC) juif en Palestine, dans l'entre-deux-guerres. Cette existence est ignorée. C'est le hasard qui nous a fait découvrir il y a longtemps la thèse de Sciences Politiques d'Alain Greilsammer sur ce PC juif, un énorme travail à partir de sources essentiellement en langue anglaise, et surtout en hébreu. Sa lecture fait apparaître en Palestine, un protagoniste inattendu, l'Internationale communiste (IC) qui siégeait à Moscou. Dès lors le **combat pour la démocratie aurait pu faire échouer la partition de la Palestine,** si nous feignons de croire que la démocratie était au cœur des enjeux politiques de l'URSS. L'existence inattendue des communistes juifs, fut précaire, difficile, car ceux-ci furent persécutés par la Grande-Bretagne et… l'URSS. Le combat minoritaire pour la démocratie fut anéanti.

Enfin, beaucoup d'auteurs font le silence sur le projet biblique, l'État juif, visant, selon Herzl, à résoudre le problème juif. Les sionistes eux-mêmes évoquèrent rarement la fable du retour à Sion pour se réapproprier « Canaan » donné par Yahweh aux Hébreux. Ils se présentaient ainsi en Palestine majoritairement comme des colons voulant mettre en valeur un pays que le mandat britannique devait transformer en « Foyer juif ». Point. De ce fait il y eut confusion entre un projet colonial clairement établi et un projet biblique non dit visant à résoudre le problème juif. Pourtant Georges Bensoussan est très clair sur le projet biblique : « **La Bible n'est pas le livre des adeptes de la foi juive… mais le livre d'une nation avec lequel chaque juif entretient une relation particulière où se joue son identité profonde. Quand bien même on ferait profession d'athéisme, la Bible est le livre national… etc.** » (p 717. *Histoire du Sionisme*. Fayard 2002, souligné par nous).

Selon nous les sionistes tairont cette référence. Le silence relatif sur le projet biblique permettra de justifier Israël par la Shoah.

Pour entrer dans le vif de cette histoire, rappelons que la Grande-Bretagne menait de front trois objectifs à la fois à la fin de la Première Guerre mondiale :

* la lutte contre l'indépendance de la Turquie, aboutissant au traité de Lausanne en 1923 ;

* la lutte contre la volonté de l'Inde de demeurer une seule nation, aboutissant à la partition en 1947.

* le mandat de fait, puis de droit, sur la Palestine dès 1920, où la Grande-Bretagne assuma les premières émeutes arabes en 1921 contre les conséquences de la déclaration de Balfour de novembre 1917, puis la partition en 1947.

Tout cela se passait à la même époque.

Chapitre IX

La Grande-Bretagne au secours du sionisme en Palestine
La théorie de Herzl, le foyer juif de Balfour

La GB a une mission : construire le « Foyer juif ».

Grande-Bretagne prendra de vitesse les velléités de collaboration entre les différentes populations de la Palestine, en favorisant l'autonomie des Juifs à se gouverner, en ne prévoyant pas d'institution de cohabitation, en permettant une immigration juive importante et l'achat des terres arabes ; c'est-à-dire en établissant de fait l'impossibilité pour les Palestiniens musulmans et juifs de vivre ensemble.

La Grande-Bretagne n'avait pas levé le petit doigt pour promouvoir la protection internationale des Juifs après les pogroms connus en Europe de l'Est depuis le début du XXe siècle. Seul un « Foyer juif » devait permettre, selon les sionistes, cette protection.

Des hommes politiques et des intellectuels, Britanniques principalement, préférèrent reconnaître aux Juifs le statut de « peuple » ayant droit à un État protecteur dans un territoire donné, plutôt qu'à une protection internationale.

Nous nous faisons un devoir de rappeler le refus de traiter en tant que tel de la question juive par Lord Balfour, et la discrimination historique contre les Juifs.

1) Rappel de la déclaration de Balfour et des discriminations contre les Juifs

La déclaration de Balfour de novembre 1917 répondait à n'en pas douter à un projet colonial, mais les discriminations et les pogroms ont servi de prétexte à cette déclaration.
Rappelons ce que Balfour avait précisé :

« *La Palestine est un cas unique. Nous ne traitons non point avec les souhaits de la communauté existante, mais recherchons consciemment à **reconstituer en Palestine une nouvelle communauté et à y édifier définitivement une autre majorité numérique dans l'avenir*** » (Lord Balfour, juin 1919, souligné par nous ».

L'objectif de Balfour dans le texte ci-dessus :
- Accompagner le désir de la Grande-Bretagne d'asseoir, par l'obtention d'un « mandat », sa domination politique et économique sur la Palestine en lui donnant un motif humaniste.
- **Se servir de Herzl** pour justifier une autre « majorité numérique » : c'est-à-dire remplacer les populations autochtones de la Palestine par des populations de Juifs venus de toutes parts de l'Occident.
Il s'agit donc d'un projet colonial.

Le projet du « Foyer juif » ne fut pas une façon de répondre de façon humaniste aux discriminations dont souffraient les Juifs de tout temps. Il visait à un changement de majorité numérique en Palestine, en profitant de celles-là.

Théodor Herzl, hongrois *(L'État juif,* 1896) se fonda sur ces discriminations dont étaient victimes les juifs à travers l'Occident pour conclure que **seul un État juif pouvait les résoudre.** Il s'en convainquit, écrivit-il, après avoir suivi le procès honteux contre Dreyfus (1894 à 1906) en France. Il écrivit avoir cru à l'assimilation des Juifs et ne plus pouvoir y croire. Mais il n'avait jamais combattu pour des droits égaux pour les juifs.

Il est fondamental de débattre avec le plus grand sérieux de cette question, car l'avenir de la Palestine en était l'enjeu.

Quelles que soient les arrière-pensées, ou pensées ouvertement exprimées par la Grande-Bretagne, on ne peut que s'interroger lourdement sur la continuité historique des persécutions dont ont été victimes les juifs, éternels boucs émissaires dans l'histoire. Boucs émissaires des nationalistes allemands devenus nazis, excédés par les conséquences dévastatrices du traité de Versailles de 1919, et trouvant un exutoire dans « Mein Kampf » de juillet 1925.

2) Comment répondre aux persécutions imposées aux Juifs ?

Mais pourquoi donc ces persécutions contre les Juifs ?

a) L'accusation de « déicide » dont l'Église est responsable

Le « peuple hébreu déicide » fut une construction de l'Église. Celle-ci a accrédité l'idée que les Juifs étaient un peuple, comme le dit la Bible, coupable d'être responsable de la mort de Jésus.

On trouve les prémices de cette accusation dans L'*Épître aux Romains*, dans la *Première Épître aux Thessaloniciens,* et dans les *Actes des Apôtres.*

Au IIe siècle après J.-C., les « Impropères », chants du Vendredi saint, ont repris ces accusations : « *Dieu (par le Christ) a libéré son peuple de la servitude en Égypte et l'a conduit en Terre promise et pourtant, ce même peuple le conduit à la mort.* »

Le Pape Pie V a confirmé cette accusation envers les Juifs en 1569 dans une bulle pontificale qui explique que les Juifs ont été « dispersés de leur place à cause de leur incroyance et qu'ils avaient été perfides et ingrats quand ils *ont rejeté leur Sauveur par la mort indigne* »

En outre cette bulle reproche aux Juifs de se livrer à des « <u>sortilèges</u>, les <u>incantations</u>, les méfaits et les <u>superstitions</u> magiques, par lesquelles ils exposent beaucoup de gens étourdis et infirmes aux impostures de Satan ».

Ces écrits (cf. Wikipédia) ont alimenté les pogroms contre les Juifs pendant des siècles

Martin Luther, à la même époque, en 1546, publiait trois traités contre les Juifs, dont « *Des Juifs et de leurs mensonges* », adressé « *aux Allemands* » (*Revue de l'histoire des religions 2017,* commentaires par Pierre Savy).

Il faudra attendre le <u>concile Vatican II</u> d'octobre 1962 pour voir la fin des accusations de déicide et les excuses publiques d'un Pape au Mur des Lamentations à Jérusalem.

Mais le mal était fait.

Selon David Ravet (dans la revue *Astrolabe,* mai/juin 2008), le mythe du « Juif errant » et du peuple errant en découle et serait un mythe chrétien né au XIIIe siècle.

Eugène Sue a tenté de réhabiliter le Juif errant en écrivant que celui-ci a connu la chute et l'expiation et travaille à sa propre rédemption. Le sionisme serait-il cette rédemption ?

b) L'arrogance qui présiderait à l'appellation de « peuple élu »

Bruno Bauer, journaliste allemand de gauche qui va polémiquer vers 1840 contre Marx, reprend cet argument : les Juifs sont responsables de la haine qu'ils s'attirent en se prenant pour le « peuple élu » désigné par Dieu dans la Bible, c'est pourquoi ils s'efforcent d'être les meilleurs en tout, et surtout dans la finance (Françoise P. Lévy. *Karl Marx, histoire d'un bourgeois allemand*. Grasset 1976.)

Les Juifs forment en effet, dans l'histoire, des communautés qui luttent pied à pied pour préserver leur religion et leur culture, leurs marques, leurs habillements, les prénoms et les noms qu'ils se transmettent de génération en génération. Les Juifs s'intègrent dans toutes les nations occidentales, mais ne s'assimilent pas toujours, ils sont reconnus par leurs prénoms et noms. Ils excellent dans tous les domaines pour se préserver. Toutes les minorités pourchassées tentent de garder leurs spécificités à travers le temps pour ne pas oublier leur identité. Il en est ainsi chez les populations indiennes colonisées par les Espagnols et les Anglais, en Amérique. Les Juifs n'y échappent pas.

Les Juifs ont préservé leur identité autour de *L'Ancien Testament* traduit très tôt en grec dans le *Pentateuque*, constituant *La Torah*, enseignement divin transmis par Dieu à Moïse sur le mont Sinaï. Ces documents, pris pour la vérité historique, constituent une idéologie religieuse conservée à travers les siècles.

c) Un peuple juif dans l'histoire ?

Question secondaire dont on peut dire juste quelques mots :
Ce sont des auteurs juifs israéliens qui ont ouvert le débat sur la réalité d'un État du peuple juif dans l'histoire ancienne.

Ce débat est très intéressant et n'est peut-être pas prêt d'être terminé. Des archéologues israéliens, Israël Finkelstein, et Neil Asher Silberman (*La Bible dévoilée. Les nouvelles révélations de l'archéologie*. Bayard 2002) espéraient, en suivant les indications de la Bible, mettre en évidence les restes archéologiques de l'histoire des Hébreux par leurs recherches, avec pioches et pelles. Malheureusement, pour le conte biblique, ils ne retrouvèrent rien ou si peu de choses. Récit passionnant. Ils ont conclu que l'histoire des Hébreux était mythique.

De plus, Shlomo Sand, pourfendeur israélien du sionisme (*Comment le peuple juif fut inventé*. Fayard 2008) qualifie ce dernier de théorie raciste européenne à vocation colonisatrice (p. 364 et s.). Il a synthétisé les travaux des auteurs précédents et écrit qu'il ne pouvait pas y avoir de nation juive fondée sur un peuple juif, lequel fut une pure construction de la Bible.

Également on peut faire référence à Dominique Perrin. (*La Palestine - Des temps bibliques à la dispersion du peuple juif*, 2000. aux Presses universitaires du Septentrion) qui discute de la validité des mots « peuple » juif.

3) L'État juif comme seule réponse aux discriminations ?
Marx répond non, il faut lutter pour des droits égaux.

Le développement qui suit est à notre avis fondamental. Il trace au XIXe siècle la voie pour des droits égaux.

Marx, contre le futur Théodor Herzl, s'était fait le précurseur du combat pour le droit.

Cette question des discriminations avait été débattue par Marx dans les années 1840. En effet, des décrets prussiens instauraient en Prusse l'inégalité des droits civiques contre les Juifs en 1842. L'Église d'État était la règle dans tous les États allemands de l'époque (Église protestante) et discriminait les populations qui n'y adhéraient pas.

Une polémique s'engagea entre Karl Marx, alors en Grande-Bretagne, et Bruno Bauer, hégélien en Prusse et communiste, rapportée par l'intermédiaire du journal le « *Rheinische Zeitung* ».

Cet extraordinaire débat est relaté par **Françoise P. Lévy (dans** *Karl Marx, histoire d'un bourgeois allemand.* **Grasset 1976.)**

Bauer expliquait que pour que les Juifs s'émancipent, ils devaient renoncer à leur religion, le vrai combat étant celui de la disparition de toute religion.

Marx répondit que le combat contre la religion était un combat juste, mais trop lointain, et que les individus avaient le droit de vivre leur différence *aujourd'hui,* en échappant à l'oppression.

Il proposait donc que les communistes allemands combattent pour **l'égalité des droits civiques** pour tous, en vue de la suppression de la religion d'État, **qui n'est pas la suppression de la religion pour les individus différents constituant un peuple**. Ceci en vue d'assurer la liberté pour des populations diverses d'une nation de pratiquer la religion de leur choix.

Marx expliqua par ailleurs que les Juifs ne pouvaient compter sur un État juif pour s'émanciper, puisqu'il convient précisément de supprimer la religion d'État pour ce faire : **« on ne peut s'émanciper qu'en s'émancipant de la religion d'État »** (Marx : *La question juive,* p 21). Marx fut un précurseur moderne de la laïcité. Les Juifs ne sauraient donc échapper aux discriminations en revendiquant un État qui les enfermerait dans une religion d'État. C'est une profonde pensée « antisioniste » avant la lettre.

Marx était un admirateur de la Révolution française qui donna la citoyenneté aux juifs en 1791. Il est remarquable d'observer qu'il opposait, dans cette discussion, un combat pour des « droits égaux » à l'objectif lointain de l'extinction des religions.

L'égalité des droits pour les Juifs sera obtenue en Allemagne en 1871, après que les royaumes allemands soient devenus la nation allemande.

Mais cela n'a pas suffi. En France l'affaire Dreyfus montra que l'acquis de la citoyenneté française aux Juifs n'avait pas suffi pour émanciper réellement les juifs.

4) L'égalité civique est un combat international que la Grande-Bretagne s'est bien gardée de mener au sein de l'Entente

Il eût fallu « désaliéner » les nations occidentales de l'opprobre qui pesait sur les Juifs, au plus haut niveau, par le droit international !

De quels outils les Juifs auraient-ils pu bénéficier pour combattre efficacement l'oppression dont ils furent l'objet ?

Par exemple **la Déclaration des droits de Virginie en 1776 (USA) et les droits de l'homme de France de 1789 (sur la garantie des droits pour tous).**

« *Tout homme naît avec des droits inaliénables et imprescriptibles, tels sont la liberté de toutes les opinions, le soin de son honneur et de sa vie, le droit de propriété [...] la recherche du bien-être et la résistance à l'oppression* » (déclaration des droits de Virginie).

Il est plus qu'étonnant que les Juifs américains, d'abord, et toutes les communautés juives n'aient pas organisé de combats d'ampleur à partir de cette déclaration, pour obtenir l'égalité des droits ; et que l'Association internationale des travailleurs de 1864, puis l'Internationale communiste de mars 1919, n'aient pas fait de même, comme s'il avait fallu que les Juifs soient d'éternelles victimes, ou servent de faire valoir à des desseins non humanistes !

Rappelons que l'OIT, Organisation internationale du travail, a été créée en même temps que la SDN en avril 1919, sur « *le fondement qu'il ne pourrait y avoir de paix universelle et durable sans un traitement décent des travailleurs* » donc c'était un combat possible. La mise en place d'un Droit international pour la protection des Juifs, et un tribunal international pour veiller à son application étaient une nécessité. La Grande-Bretagne, toute puissante à l'époque n'y a pas été invitée par les communautés juives, entre autres l'organisation sioniste de Grande-Bretagne. Celle-ci préconisait un État juif et non pas l'égalité des droits pour les Juifs. Elle n'y a pas été invitée non plus par la Russie bolchevique.

Il fallait une volonté inflexible pour ce faire.

La volonté inflexible des partisans d'un droit international en faveur des juifs n'existait pas.

Le bolchevisme qui se présentait comme une pensée émancipatrice du genre humain à tous les niveaux, a par contre condamné le sionisme comme pensée réactionnaire, sans en faire la démonstration. Il n'a jamais opposé au sionisme l'égalité des droits individuels religieux pour les juifs, reconnue pour tous.

5) la réalité d'une idéologie colonisatrice

Les Britanniques se sont appuyés sur le sionisme pour coloniser la Palestine, et inversement le sionisme s'est appuyé sur les Britanniques pour revenir à « Sion », colline sur laquelle le temple de Jérusalem a été construit. Le mot « sionisme » se réfère donc à une histoire biblique, quels que soient les différents courants qu'on trouve chez les sionistes. Revenir à Sion, les uns en nationalistes conquérants, d'autres en pacifistes, d'autres encore en socialistes...

a) Le sionisme, idéologie colonisatrice

Les sionistes qui sont des nationalistes se sont constitués en organisation mondiale en 1897. Il est bon de lire dans l'Ancien Testament, « le Deutéronome » et « le Livre de Josué » sur tout ce qui concerne la terre promise par Yahweh. Toutes les Bibles relatent ce qui suit sous des formes différentes. Voici un résumé :

Par la voix de Moïse, son porte-parole, Yahweh dit aux tribus des Hébreux, qu'il a fait sortir d'Égypte, d'aller en direction des tribus voisines dans le Negeb, au pays des Cananéens et au Liban, jusqu'à l'Euphrate... « **Je vous livre ce pays, allez et prenez possession..** ». Il faudra, dit Yahweh, en chasser sept « nations », plus nombreuses et plus puissantes, les vaincre et les vouer à l'anathème, être sans pitié pour elles, prendre leurs maisons et leurs troupeaux, n'épouser aucune de leurs filles, « abattre les autels des peuples que vous allez déposséder » (car ils sont polythéistes), « vous brûlerez les images de leurs dieux, car tu es *(les Hébreux)* le « peuple saint », le peuple que Yahweh a choisi... », etc.

Ainsi, Yahweh aurait passé une Alliance avec les tribus des Hébreux parce que celles-ci auraient choisi un seul dieu, lui, à la différence d'autres tribus. De ce fait il leur a donné le territoire de ces dernières qu'il recommande de chasser (le monothéisme se serait créé sur ces bases par l'intermédiaire des Hébreux).

Dans un livre de Alain Gresh (*Israël La Palestine*, 2007, Fayard p 17 et suivantes), celui-ci donne le point de vue contraire du rabbin David Meyer qui récuse la « promesse inconditionnelle de l'Éternel » sur ce territoire. Pour ce faire, ce dernier cite habilement quelques lignes du Deutéronome où l'Éternel fait une promesse conditionnelle aux Hébreux : ne pas créer de nouvelles idoles, sinon c'est risquer la disparition. Et de citer l'idolâtrie de la terre d'Israël contre le respect de la vie humaine !
Mais la suite du texte du Deutéronome, non cité par Meyer, lève le doute: « l'Éternel (s'adressant à son peuple) ton Dieu est un Dieu de miséricorde, **qui ne t'abandonnera point et ne te détruira point : il n'oubliera pas l'Alliance de tes pères, qu'il leur a jurée** ». Donc l'Éternel pardonne tout à l'avance, et détruit l'hypothèse de la promesse conditionnelle.
Les sionistes n'avaient, de toute façon, cure de ces subtilités. L'ennui est qu'Alain Gresh se refuse à comprendre l'idéologie sioniste à partir des Écritures, laquelle déguise le projet colonialiste.

Les sionistes savaient quelles étaient les visées de la Grande-Bretagne en Palestine. Ils demandèrent officiellement à la conférence de San Remo d'avril 1920 que la Grande-Bretagne ait un mandat sur la Palestine. Or la Grande-Bretagne occupait déjà la Palestine depuis 1917 du fait de la guerre.

Les sionistes étaient les seuls à avancer cette revendication, mais d'autres mouvements juifs militaient dans une certaine confusion pour une vision approchante, par exemple le Bund. Ce qui nous fait dire que les Juifs ont en général une vision biblique de leur avenir bien que nombre d'entre eux aient été marqués par le marxisme.

Un mot sur le Bund (Ligue). L'Union générale des travailleurs juifs s'est appelée « mouvement socialiste juif » créé au Congrès de Vilnius en septembre 1897. Il militait pour l'émancipation des travailleurs juifs par le socialisme (et non par l'égalité des droits).

Le Bund prônait le droit des Juifs à **constituer une nationalité laïque, de langue yiddish.** Il était porteur de l'idée que les Juifs devaient s'émanciper en s'isolant par exemple dans un État juif laïc ? Marx a dû bondir dans sa tombe.

Dans la même veine, on peut citer l'idée de la **constitution d'une « nation spirituelle »** dont la Bible serait le livre, qui permettait de revendiquer « l'autonomie » dans chaque pays avec des droits nationaux. Cette idée lancée par Simon Doubnov russe antisioniste (« *L'histoire de ma vie* », Ed. du Cerf, 2001, cité par Bensoussan) est en fait très proche d'une revendication de « foyer juif » reconnu, par exemple en Pologne, en Russie... dont on voit mal comment elle aurait pu fonctionner, puisqu'elle supposait de fait un privilège... et non pas une égalité des droits

b) Les visées de la Grande-Bretagne au Moyen-Orient

La Grande-Bretagne visait l'administration de la Palestine, la surveillance du canal de Suez, celle de la route de l'Inde, et le maintien du libre-échange avec l'Égypte.

En 1841, les Britanniques aidèrent le sultan ottoman à rétablir un semblant d'autorité sur l'Égypte dirigée alors par Méhémet-Ali, en bombardant les ports libanais contrôlés par les Égyptiens, et firent débarquer des troupes en Syrie qu'ils occupaient (traité de Londres). En fait ils s'approprièrent l'Égypte.

Par suite, ils prirent le contrôle du canal de Suez dont l'importance en tant que voie de communication vers l'Inde colonisée était devenue cruciale.

L'Égypte fut alors contrainte de licencier son armée, de démanteler ses monopoles et d'**accepter une politique de libre-échange** qui provoqua sa désindustrialisation.

L'Inde et l'Égypte subirent les mêmes méfaits, pratiquement à la même époque, de la part de la Grande-Bretagne.

Lord Palmerston admettait avec un certain cynisme : « ***La soumission de Mohammed (Méhémet) Ali à l'Angleterre [...] pourrait paraître injuste et partiale, mais nous sommes partiaux ; et les inté-***

rêts supérieurs de l'Europe requièrent que nous le soyons. » (Wikipédia)

En 1882 la Grande-Bretagne occupait militairement l'Égypte qui devint officiellement une colonie.

Conclusion

En conclusion de ce chapitre, rappelons que nous avons tenu à opposer à la perspective du « Foyer juif » de Balfour et des sionistes, à celle d'un combat, plus que jamais d'actualité, pour des droits égaux reconnus sur le plan international pour les juifs, et contre toute forme de discrimination. Seule cette reconnaissance peut régler la question juive. Rien ne peut par contre, justifier **en droit** qu'un État, d'obédience religieuse ou non, fasse valoir son droit historique sur une terre qui appartient à des populations installées depuis des siècles, à moins de faire valoir qu'à une ou des expulsions datant d'il y a 2000 ans, on pourrait répondre légitimement aujourd'hui par des expulsions au XXe siècle, remplaçant ainsi une injustice par une autre... Cette idée fut et demeure une impasse totale.

Mais le sionisme s'appuya sur une idéologie colonisatrice parce que la Grande-Bretagne avait elle-même des visées colonisatrices sur la Palestine. C'est pourquoi son objectif était la création d'un « foyer juif ».

Chapitre X

La Palestine sous le mandat anglais

L'objet des derniers chapitres de ce livre est l'étude de la voie vers la partition en Palestine sous le mandat anglais. La partition a eu lieu en 1947 et le promoteur en fut principalement la Grande-Bretagne. La ressemblance avec la partition de l'Inde se limite à cela.

En Inde il a fallu casser la volonté de peuples voulant être une seule nation et un seul État. Pour cela, la Grande-Bretagne a compté sur la « minorité musulmane » idéologique, qu'elle a construite.

Ici, rien de tel. La population juive arrive de l'extérieur, fuyant les pogroms. Les sionistes revendiquent le territoire palestinien pour en faire son propre État, assimilant dans leur inconscient la Palestine à Canaan. La Grande-Bretagne n'a pas besoin de construire un discours de partition. Il est posé à l'avance par le sionisme, face à des Arabes stupéfaits, démunis. Personne n'aidera ces derniers à faire face.

Ce drame met en place tous les éléments d'une guerre civile qui se prolongera dans le temps. En même temps, l'URSS ne peut être d'aucun secours internationaliste, car elle est en proie à une guerre civile, de 1919 à 1921, d'une part contre sa paysannerie, et d'autre part contre les peuples à ses frontières sud et sud-ouest, qui veulent leur indépendance et n'hésitent pas à faire appel à l'étranger. Cette guerre trouvera son apogée dans le génocide en Ukraine, entre 1933 et 1936, juste avant les grandes émeutes en Palestine.

Le traité de Lausanne de juillet 1923 avalise la Palestine sous mandat anglais, sous l'égide inconsistante de la SDN créée en 1920 avec l'objectif de la paix. L'objet de ce mandat est la mise en place du « Foyer juif ».
Les Britanniques vont favoriser un système politique autonome pour les Juifs.

Les Arabes palestiniens ont bien compris ce que signifie le mandat britannique sur la Palestine. Il ne convient donc pas de chercher d'autres raisons à l'hostilité des Arabes vis-à-vis des sionistes, qu'ils assimilèrent le plus souvent aux juifs, surtout lorsque ces derniers se mirent à émigrer en masse vers la Palestine.

La période qui va de 1920 à 1947 est vécue par le mouvement sioniste comme une installation préparatoire au Foyer-État. Pourtant il y a eu des efforts de coopération importants avant 1920 entre les populations, parce que les Juifs qui fuient l'Europe, ne sont pas forcément sionistes et veulent trouver en Palestine un pays qui les accueille.

Les Arabes ne sont pas organisés, sauf par l'intermédiaire du Haut Conseil Musulman dont on reparlera. Les rapports ambigus de leurs chefs avec une Grande-Bretagne « bienveillante » qui a fait semblant de soutenir le principe d'un grand État arabe, les laissent démunis. Ils le sont d'autant plus que les rapports de classe entre les grands propriétaires arabes, la classe moyenne des villes et les paysans arabes dans une situation de quasi-servage, interdisent de les considérer comme une force sociale unie.

Dans une vision imaginaire positive des conséquences de la révolution russe, **seuls les Soviétiques auraient pu les secourir en s'opposant résolument au mandat britannique**, en démontrant l'absurdité pour les Juifs eux-mêmes du mirage d'un foyer juif, et en organisant une rencontre pacifique entre les peuples pour un État démocratique. Pour cela il aurait fallu que les Soviétiques n'aient pas une guerre civile interne à gérer et qu'ils aient fait le choix de la démocratie comme mode de gouvernement. Or ils opposent la démocratie « bourgeoise » au socialisme à construire.

La Russie face au mandat britannique, non seulement laissera faire la Grande-Bretagne et le sionisme qu'elle dit détester, mais sera une force politique négative. Elle soutiendra les nationalistes arabes dans une vision séparatiste et poursuivra de sa vindicte de vrais communistes juifs qui s'efforcent d'être démocrates.

1) Les populations de la Palestine et la naissance de leur antagonisme

Il y aurait eu 700 000 habitants en Palestine en 1920, dont 87% de musulmans (donc bien plus d'Arabes), 9 % de chrétiens et 4 % de juifs (Nadine Picaudou).

On en restera là sur cette question, car les chiffres divergent selon les sources.

Il y avait des Juifs autochtones indigènes depuis fort longtemps (Arabes juifs), puis des Juifs venus du Portugal et de l'Espagne suite aux expulsions au XVe siècle. Ils étaient en grande majorité dans les villes.

La vie est très difficile dans les campagnes en raison de la malaria, des moustiques, du climat qui rend le travail épuisant. Beaucoup d'émigrés repartent.

La situation fut explosive dès que la déclaration de Balfour de 1917 est connue. Les autochtones n'acceptèrent déjà pas la perspective du mandat anglais, qu'ils prennent comme une provocation.

Les nationalistes arabes nourrissaient donc une puissante haine contre les Anglais, qui va devenir une haine contre les sionistes puis contre les Juifs. C'est une haine construite par l'histoire coloniale.

Cette haine ne semblait pas exister sous l'Empire ottoman. La tradition séculaire de vie en commun sur les terres du Moyen-Orient n'établissait aucun antagonisme de fond « entre Arabes et Juifs ». On aurait dû écrire « Arabes musulmans, juifs et chrétiens. » Les Arabes n'étaient pas que musulmans, mais chrétiens et juifs.

Notons que le mot « Juif » commence à être utilisé à cette époque comme un qualificatif ethnique et non plus culturel et religieux, ce qui est typique du traité de Lausanne. Pour les sionistes intégristes, la confusion entre une qualification religieuse et une qualification ethnique les arrange. Ils fonderont l'idée du « peuple Juif » sur une ethnicisation du mot juif. En réalité les Juifs de Palestine étaient soit arabes, soit de diverses nationalités venues principalement d'Europe. À peine arrivés en Palestine, ils deviendront des Juifs indistinctement.

Il est habituel aujourd'hui de parler des Arabes auxquels on oppose les Juifs, ce qui est une absurdité langagière, mais lourde de sens sur le plan politique et social. C'est un « rejet » de type antisémite qu'on se garde bien d'analyser comme tel.

La partition est posée d'avance, les Arabes d'un côté, les Juifs de l'autre.

Nous serons cependant obligés de parler des « Juifs » dans la suite de cet exposé.

La Grande-Bretagne va tout faire pour rendre impossible une quelconque rencontre entre Arabes et « Juifs », même si elle prétend ménager les deux parties.
L'antagonisme avait déjà été clairement établi par la déclaration de Balfour.

2) La question de l'immigration juive

L'Empire ottoman n'autorisait pas officiellement les étrangers à acheter des terres, mais les autorités locales le permettaient. Avec la fin de l'Empire, l'émigration juive en Palestine fut plus facile et ne cessa pas jusqu'à la Seconde Guerre mondiale.
Des raisons importantes précipitèrent l'émigration juive en direction de la Palestine au début du XXe siècle : les pogroms que subissaient les Juifs sans arrêt, attisés par l'industrialisation. Les Juifs étaient pris comme boucs émissaires dans chaque conflit, surtout en Pologne et en Europe de l'Est. Romans et films illustrent cela.

Les Juifs s'investissaient dans l'artisanat, le commerce et la finance, et certains émigraient en Palestine pour réaliser leur rêve de posséder une terre.
En 1901 les sionistes décidèrent de créer le « Fonds national juif » pour acheter des terres en Palestine, grâce à Rothschild. Le projet colonialiste est posé.

La prise du pouvoir par les bolcheviks chassa d'abord les hommes d'affaires juifs de Russie lesquels allèrent prioritairement aux USA, mais également en Palestine dans les villes. Ensuite arrivèrent des Juifs de toutes catégories sociales. De nombreux Juifs russes, pourtant enthousiastes vis-à-vis de la Révolution russe, ne supportèrent plus la chasse aux sorcières contre les Juifs sionistes.
En 1919, le PCUS interdit les journaux sionistes (Greilsammer p. 25). Le IIe congrès de l'Internationale communiste condamna le

sionisme comme idéologie réactionnaire. Cette condamnation en bloc a rigidifié les positions et homogénéisé peu à peu l'idéologie sioniste dans son versant nationaliste réactionnaire.

Les bolcheviks voyaient dans les Juifs, qui réclamaient la démocratie en URSS, des opposants dangereux en puissance, qu'ils qualifiaient souvent de sionistes. En 1924, le PCUS fit arrêter des militants juifs par centaines. C'est la fuite vers la Palestine et le durcissement en contrepartie des positions sionistes.

En 1925, des boutiquiers et artisans juifs, condamnés socialement par l'URSS, qui veut prolétariser toute la population, arrivèrent en Palestine. Enfin, le danger nazi et l'arrivée d'Hitler au pouvoir en 1933 précipitèrent de nombreux Juifs hors de l'Allemagne. Puis les camps de concentration, pour ceux qui purent s'échapper, jetèrent les Juifs hors de l'Europe. Enfin l'ouverture des camps en 1945 a les mêmes conséquences.

Dans d'autres circonstances, la question de l'immigration aurait dû faire l'objet d'une rencontre entre Arabes et Juifs, pour une discussion sereine de toutes les parties, car la Palestine est sous-peuplée au début du XXe siècle. La Grande-Bretagne ne le permit pas.

Les Arabes, sous la pression de l'URSS et de celle du grand Mufti de Jérusalem proche de la Grande-Bretagne, firent du refus de l'immigration juive un cheval de bataille, dans le même temps où l'URSS expulsait ses opposants juifs... Ces combats contre l'immigration juive, qui vont tourner à l'émeute (en 1921, 1929, 1936... et 1939), vont faire le jeu de la partition.

3) Les forces sociales et politiques en présence

Se faisaient face : d'une part les paysans arabes qui voulaient théoriquement une réforme agraire contre les propriétaires fonciers absentéistes, lesquels vendaient souvent les terres aux Juifs. Ces paysans n'avaient pas d'organisation politique pour exprimer leurs revendications. Ils étaient encore liés aux grandes familles arabes, et n'étaient pas détachés de la forme tribale de la gestion de la terre. Ce qui signifie que les paysans ne pouvaient s'organiser individuellement.

D'autre part un certain nombre d'Européens juifs s'étaient déjà engagés dans un processus de fermes collectives dès la fin du XIXe, comme on va le voir ci-dessous.

Par exemple, Edmond de Rothschild finança les premières entreprises agricoles pour les arrivants Juifs. Il ne voulait pas d'éléments « révolutionnaires », mais des entreprises modèles où il faisait embaucher Arabes et Juifs comme ouvriers agricoles, en payant un tiers de mieux les Juifs. Les patrons préférèrent souvent les Arabes et les Juifs orientaux aux nouveaux arrivants, car les premiers travaillaient plus dur.

Au niveau de la production, on a donc une situation très contrastée, d'une part une agriculture traditionnelle avec des fellahs qui n'ont que la possession de la terre, mais pas la propriété, et des Bédouins éleveurs dans les terres désertiques, et, d'autre part, une agriculture de type capitaliste avec des salariés, gérée par des entrepreneurs juifs ; et entre les deux il existe des fermes gérées par des Juifs avec une idéologie collective.

Les Arabes étaient divisés entre eux, en raison de leur appartenance à des classes diverses, et des grandes familles (Picaudou *Le mouvement national palestinien*. L'Harmattan, 1989, p 42). Les grandes familles supplantaient nettement les classes sociales.

Il existait aussi un Haut Conseil musulman (dit **Comité exécutif arabe**) élu par des congrès périodiques issus de la Fédération des associations islamochrétiennes, un organe ancien, existant déjà dans l'Empire ottoman. (Nadine Picaudou, opus cité, p 41**). Son congrès de 1920 avait rejeté la déclaration de Balfour, et voulait «** *un gouvernement national* **» responsable devant un parlement élu parmi ceux qui résidaient en Palestine depuis avant la guerre, musulmans, chrétiens et juifs.** Il n'y avait pas d'ostracisme vis-à-vis des Juifs, mais seulement vis-à-vis d'une immigration juive nouvelle, qui voulait transformer la Palestine en foyer juif.

Il était donc possible de contrer le communautarisme que la Grande-Bretagne voulait voir se préserver.

La situation pouvait changer d'un moment à l'autre. Il suffira parfois de peu de choses pour que des conflits importants naissent, alors que les populations se côtoyaient, dans les villes particulièrement. En effet des entrepreneurs juifs étaient venus pour investir tandis que d'autres juifs étaient venus en tant qu'artisans et boutiquiers comme les Arabes.

4) La question de la terre : facteur de division ou de rapprochement ?

Les derniers sultans avaient tenté de transformer les Bédouins en agriculteurs. Quand ceux-ci comprirent qu'il s'agissait de prendre les terres sur lesquelles ils vivaient pour les vendre à des Juifs, ils s'opposèrent à tout changement de statut.

Les paysans arabes, eux, en situation de quasi-servage, cultivaient les céréales, les oranges, les olives, le coton. Mais d'importantes terres n'étaient pas cultivées en raison de la présence de grands propriétaires absentéistes ou parce qu'elles appartenaient à l'État qui en avait laissé la possession aux paysans ou aux Bédouins qui y faisaient paître leurs troupeaux.

Il semble y avoir eu également des petits propriétaires arabes en marge de la grande propriété.

Les paysans arabes possédaient les terres de père en fils et devaient une contribution en nature, ou sous forme d'impôts, aux grands propriétaires qui étaient en ville ou dans d'autres territoires de l'Empire. Mais ils n'étaient pas propriétaires (la différence de fond entre la possession et la propriété appartient à l'histoire paysanne de l'Europe et l'Asie). On ne pouvait pas vendre les terres en raison de cette situation. Mais, au moment du dépeçage de l'Empire, de grands propriétaires vont vouloir vendre leurs terres, pourquoi pas aux Juifs venus d'Europe.

Les fermes collectives dataient déjà de la fin du XIXe siècle.

En 1878, un rabbin de Jaffa fonda un verger hors des murs de Jérusalem à la façon des Arabes, comme gagne-pain, pour y installer des paysans juifs misérables : ce sera la colonie « Petah Tikva ». Quelques vergers de ce type essaimèrent. Mais les premiers kibboutz dans un esprit « socialiste » se créèrent surtout au tout début du XXe siècle: il s'agissait d'émanciper les Juifs pour en faire « l'homme nouveau », pour une future patrie socialiste... juive ! Ils furent aidés en cela par de nouveaux arrivants juifs, pionniers du retour à Sion, originaires des pays de l'Est de l'Europe, de Russie, de Roumanie, du Yémen, fuyant les pogroms, ou la misère comme les Juifs yéménites. On les appellera les Bilouim, les « Amants de Sion ». Précurseurs du sionisme, influencés par le fouriérisme, ils porteront les idées du juif autrichien **Nathan**

Birnbaum, nourri par le livre de Herzl écrit en 1890. **Ce dernier inventa le mot « sionisme ».**

Des écoles pour apprendre l'hébreu furent créées en Palestine sous l'impulsion de Ben Yehouda. Aucun heurt n'exista avec les Arabes, semble-t-il, au début du XXe siècle.

Quelques fermes collectives semblèrent avoir tenté d'exister avec les Arabes. Mais les Juifs ne suscitèrent pas de mouvement pour promouvoir la réforme agraire pour le compte des fellahs arabes ou pour se saisir avec eux de la grande propriété absentéiste. Les deux parties auraient pu y trouver leur compte. Les fellahs dont le vécu était encore proche de la tribu ne parviendront pas à franchir le pas de l'expropriation et de l'occupation des terres délaissées. Les Juifs auraient pu aider les fellahs à s'affranchir de leurs réserves et les uns s'appuyant sur les autres, toutes sortes de solutions auraient pu être trouvées qui satisfassent les deux parties, avec des formes intermédiaires de propriété. Mais les deux populations qui cohabitaient bien avaient des origines culturelles trop différentes.

En réalité, le plus souvent les Juifs émigrés prirent contact avec les Juifs déjà installés en Palestine et s'inspirèrent de ce qu'ils faisaient

Un certain nombre voulaient acheter des terres pour y réaliser le rêve des fermes collectives (cf. Bensoussan). Ils commencèrent par camper dans les villages arabes qui ne les ont pas rejetés, le principe de l'hospitalité étant acquis.

Le Fonds national juif créé en 1901 les aida. Les grands propriétaires, issus des grandes familles, possédaient 80% des terres ; ils les vendirent aux Juifs à un prix élevé.

Voici, ci-dessous, un article du docteur Khaled Al Khalidi, de l'Université Islamique à Gaza, publié en janvier 2005, sur cette question qui recoupe pour partie le travail de Bensousssan. Il distingue quatre apports de terres aux Juifs dans l'Empire ottoman puis dans la Palestine mandataire avant 1948.

1) D'abord des Juifs vivants dans l'Empire depuis fort longtemps avaient des terres et pouvaient en acheter. Ils auraient monnayé, pour eux et d'autres Juifs, avec le sultan et les gouverneurs turcs, la possibilité d'acheter de nouvelles terres.

2) Les féodaux Syriens et Libanais qui possédaient des terres en Palestine les ont vendues volontiers aux Juifs qui, pour certains, payaient bien, ce qui a fait monter le prix de la terre. Ainsi le baron français Edmond de Rothschild, l'un des premiers, acheta de la terre en Pales-

tine ottomane. Il y fonda des établissements fermiers comme vus précédemment.

3) Des Palestiniens, petits propriétaires en nombre restreint, ont également vendu leurs terres, mais ils ont été plus tard souvent pourchassés comme des criminels par les Arabes en Palestine, car les Juifs leur avaient acheté les terres à prix d'or (nous ne savons rien sur ces petits propriétaires).

4) La Grande-Bretagne en tant que puissance mandataire serait intervenue pour rendre ces achats possibles.

Les Juifs constatèrent que les terres qu'ils achetaient étaient occupées par des fellahs. L'incompréhension fut au départ presque totale entre les paysans arabes et les Juifs. C'est ce qu'explique bien Bensoussan (Histoire du sionisme, Fayard, 2002, pp. 183-184). Les fellahs furent priés de quitter les lieux et refusèrent. Selon le droit coutumier, la terre est à eux. Les Juifs finirent par comprendre et indemnisèrent les fellahs. Ceux-ci, même indemnisés largement par les Juifs, ne comprendront pas leur éviction.

Dans bien des cas, les Juifs firent travailler les paysans pour leur compte et les payèrent comme salariés. Les Juifs arrivés les premiers avaient souvent de l'argent ; ils s'engagèrent eux-mêmes dans la production et constituèrent rapidement des fermes qui suscitèrent l'admiration. De ce point de vue les fellahs ne perdirent rien au change quand ils continuèrent à travailler sur leurs terres achetées par des Juifs, ils furent mieux payés qu'auparavant. Les sentiments des Arabes étaient donc partagés.

Les sionistes se disant socialistes furent choqués par cette situation. Ils recommandèrent d'acheter des terres non cultivées, ce qui sera souvent le cas sous le mandat anglais.

C'est ainsi que les nouveaux venus juifs achetèrent des terres souvent marécageuses, qu'ils assainirent en tant que pionniers, pour planter des forêts ou faire de la viticulture et construire des fermes. Ce travail était très dur. Certains Juifs emploieront des Arabes, d'autres non.

On est ici dans le cas d'une mise en valeur commune du pays, mais mal partagée.

Les Juifs étaient dans la nécessité absolue d'acheter des terres pour avoir un statut, un ancrage incontestable, et avoir des assises pour être des Palestiniens et constituer pour certains d'entre eux, un « Foyer juif ». Dans toute l'histoire des Juifs, pesait contre eux en Europe, l'interdiction d'acheter des terres. La question de la terre est donc aussi décisive pour les fellahs arabes que pour les Juifs immigrés.

Malgré ces achats, la propriété juive de la terre reste faible.

Le Docteur Al Khalidi parle de 8,8% des terres palestiniennes vendues aux Juifs avant 1948, Bensoussan de 11%, Greilsammer (histoire du PC palestinien) parle de 12,5%. La vérité doit être au milieu.

Il apparaît d'ores et déjà que la partition, si elle a lieu, ne pourra se faire que sur la base d'une expropriation pure et simple des terres arabes, les Juifs ayant peu de terres. Un sioniste pur et dur, Ariel Sharon, le reconnaîtra dans un document de 1993 et assumera ce « vol », au nom de la création de « l'État juif » qui n'aurait jamais pu exister sans cela (Courrier International du 12 au 18 janvier 2006. Reproduction du document écrit par Ariel Sharon, Yediot Aharonot, Tel-Aviv).

5) Un communautarisme qui divise est préservé et amplifié sous le mandat anglais

Le communautarisme est un mode de gestion colonial des populations qui, sur un même territoire, n'ont pas les mêmes religions, pas les mêmes mœurs et pas les mêmes coutumes familiales. Ces populations se voient alors déléguer par une autorité centrale (le colonisateur ou le sultan), l'élaboration précise et la gestion de ces droits particuliers.

Il en découle que leur état civil, et leur vie personnelle sont gérés par leurs responsables religieux, prêtres, mollahs, rabbins...

Il en résulte que la démocratie ne peut y trouver sa place. C'est bien pour cela que la puissance coloniale l'accrédite en y proposant parfois quelques réformes, en créant par exemple des institutions communes où chaque ethnie, ou communauté a une représentation proportionnelle au nombre de sa population. Cela ne fait qu'ajouter à la confusion.

Concrètement des communautés ethniques ou religieuses se voient donner dans une même nation, des institutions séparées au plan religieux, juridique, économique, politique, au motif qu'elles sont tellement divergentes qu'elles ne peuvent avoir aucune institution commune, donc pas d'État commun. Ou alors un État qui ne joue pratiquement qu'un rôle de représentation (ce qui est encore largement le cas de l'État libanais).

Le communautarisme est hérité de l'Empire ottoman bien que ce dernier ait commencé à construire des institutions communes pour tous, par exemple des écoles secondaires communes à tous.

La Grande-Bretagne, qui est la puissance mandataire, a laissé perdurer une administration communautariste en Palestine, décrite par Nadine Picaudou, ce qui signifie que chaque population a sa propre administration séparée (« Peuple juif/populations autochtones : fondements de la domination britannique en Palestine » in « Le Choc colonial et l'Islam » La Découverte, 2006).

Elle prétendit officiellement aplanir ainsi la rancœur arabe et satisfaire le désir d'un foyer juif pour les Juifs. Cela n'a abouti qu'à attiser les tensions. L'administration anglaise ne proposa pas de services publics communs, ni d'institutions politiques communes, comme un parlement démocratique comme l'auraient souhaité les Arabes en 1920, c'est-à-dire un début d'État commun.

Les courants sionistes dans les années 1920/1930, ont eu des compréhensions parfois opposées du « Foyer juif » et en ont fait des choix variés.

Les sionistes de tous bords, confrontés d'une part à la Russie soviétique, liberticide vis-à-vis d'eux, et d'autre part, à la réalité de la Palestine, envisageront toutes sortes de possibilités d'alliances avec les populations arabes dont se saisiront mal les communistes juifs, et surtout pas les nationalistes arabes qui ont été trompés.

La puissance mandataire qui aurait dû construire des institutions publiques d'État, ne le fera pas, tiraillée par des forces sociales opposées, et laissera vivre un cadre communautariste où le vote au suffrage universel n'eut pas sa place pour décider des fonctions législatives, exécutives et judiciaires. La France fit la même chose au Liban et en Syrie. Elle céda au communautarisme et même le suggéra, le construisit.

Les notables arabes accepteront finalement cela, par peur de perdre du pouvoir et ne voudront pas d'un « conseil législatif élu » proposé par les Anglais. L'opposition sioniste voulait en effet la parité dans toutes les institutions éventuelles « en attendant de devenir majoritaire » ! Les Anglais n'y font pas obstacle.

Le Comité exécutif arabe qui refusait le mandat anglais, rejeta ce conseil législatif où les différentes communautés auraient été représentées avec les Anglais, ces derniers voulant que les voix juives et anglaises constituent une minorité de blocage. Il s'était prononcé en 1920, rappelons-le, pour un gouvernement national et un parlement élu. Face à la proposition anglaise, il préconisa le boycott du conseil législatif anglais. Mais il n'exprima que le désir des notables.

À l'époque il y avait une majorité arabe et une minorité juive.

Ce fait aurait dû être reconnu dans une institution démocratique commune qui aurait dû être un parlement.

Mais, à l'évidence, la puissance coloniale anglaise pensait que la démocratie n'était pas faite pour la Palestine, pas plus que pour n'importe quelle colonie.

C'est ainsi que la Grande-Bretagne assista à divers conflits en demeurant passive, puis, face aux émeutes de 1921, commença par laisser faire avant d'intervenir. Elle jouera à fond la carte des notables arabes et des sionistes.

Elle laissa donc se créer des organes politiques communautaires juifs, alors que Herbert Samuel, sioniste nommé administrateur par la Grande-Bretagne, était lui-même réticent. La communauté juive avait dès 1920 son assemblée, son quasi-gouvernement, son syndicat (la Histadrout), bientôt sa milice (la Haganah), son système bancaire, ses écoles, ses services de santé... Les intentions de la Grande-Bretagne étaient donc très claires.

Côté musulman, la Grande-Bretagne créa de toutes pièces, contre le Comité exécutif arabe, le Conseil musulman suprême, élu pour quatre ans, financé par les Britanniques, organe typiquement communautariste, qui reçut la tutelle sur les tribunaux religieux, et nomma le personnel judiciaire arabe, avec à sa tête Hajj Amin Al-Huseyni, amnistié par la Grande-Bretagne après sa condamnation pour sa participation aux émeutes de 1921. C'était le candidat de la Grande-Bretagne. Il faut retenir ce fait d'importance, car cet individu disqualifiera la Palestine arabe dès avant la Deuxième Guerre mondiale en s'alliant avec les nazis.

Conclusion

Il faut retenir de ce qui précède l'opposition maintes fois répétée des Arabes à l'implantation d'un « Foyer juif ».

Il faut également mettre en lumière le congrès de 1920 du « Comité exécutif arabe », qui se prononçait pour un gouvernement national de la Palestine responsable devant un parlement élu par les résidents arabes, juifs et chrétiens de la Palestine juste avant la guerre. Ce congrès voulait aller vers une Nation faite de la diversité de ses peuples et de ses religions. Cette position aboutissait certes à refuser une nouvelle immigration juive en vue de créer un foyer juif, et à limiter la vente de nouvelles terres à des juifs.
Rien de tout cela ne fut entendu, et contrairement à une représentation démocratique des populations à mettre en place dans des instances ad hoc, pour qu'elles puissent discuter, la puissance mandataire appuya le communautarisme existant, et le renforça. Créant ainsi les conditions d'un affrontement à venir.

Chapitre XI

Les émeutes de 1921 et les communistes juifs de Palestine

Pendant toute cette période existaient en Palestine des fermes collectives juives qui se disaient socialistes, soit sous l'impulsion du Bund soit d'une fraction de sionistes. C'était un socialisme étrange, réservé aux Juifs. Il existait également des groupes socialistes ou communistes venus d'Europe.

Sous l'effet de la Révolution russe naîtront, comme une extravagance, des groupes communistes puis un parti communiste juif qui auraient pu tout mettre en question, casser les espoirs de la Grande-Bretagne, faire refluer efficacement le sionisme, et le communautarisme, ouvrir des perspectives pour la Palestine, et pour toutes les populations du Moyen-Orient. Ce fut son objectif de départ... Mais cela n'arrivera hélas pas... D'abord en raison de l'inexpérience des Juifs immigrés, de leur naïveté, et de leur méconnaissance des problèmes de la Palestine. Mais essentiellement parce que ce parti communiste ne put se prévaloir de la démocratie la plus élémentaire et se fera détruire par l'URSS et l'Internationale communiste.

Il en résulta une confusion politique venue de la combinaison entre le communautarisme, le sionisme, des versions socialistes peu claires des juifs, des groupes communistes naïfs, un mandataire résolu à créer un foyer juif et l'absence d'un discours démocratique des parties en présence.
Des heurts se produisirent et conduisirent alors à des émeutes sans qu'une force de médiation intervienne.

Il se peut que les émeutes de 1921 aient été sciemment organisées. L'histoire ne le dit pas, mais la façon dont les choses se sont passées le suggère fortement.

Lors des manifestations autorisées, les responsables politiques des organisations ne se sont jamais entendus préalablement pour éviter tout heurt, dans un contexte tendu, où les citoyens arabes n'avaient pas droit à la parole. Il ne pouvait que s'en suivre des désordres.

La puissance coloniale laissa faire.

La « question juive » non résolue en Occident, fut refoulée, comme un mauvais coup, dans un pays arabe, comme une provocation.

Les Juifs communistes de Palestine ne semblèrent pas comprendre eux-mêmes le piège dans lequel ils étaient. La Russie soviétique ne les aida pas. En outre, à part ceux qui sont là depuis longtemps, les Juifs ne parlaient pas arabe, et ne mirent pas à l'ordre du jour l'exigence de le parler.

1) Les premières émeutes de 1921

Le document de Balfour est bien au centre des émeutes. En février 1921, un mémorandum de 39 pages fut présenté par le maire de Jérusalem à Churchill, quand ce dernier vint à Tel-Aviv pour inaugurer une Université hébraïque. Ce document était une protestation contre Balfour. Il fut dit qu'il était mal rédigé, il parlait du péril juif et écrivait : « *Comment alors l'Angleterre pourrait-elle conclure un traité avec une religion et l'inscrire à la Société des Nations ? Alors que les Arabes n'ont pas été consultés et n'y consentiront jamais* », en conséquence.

Le mémorandum demandait l'abrogation du document de Balfour.

Churchill ne mesurait pas la situation, il était visiblement étranger à cette douloureuse question, ou s'en moquait. Il justifia, d'après un article du *Times (voir plus loin)*, l'idée du « Foyer juif » devant des populations exaspérées. Il rejeta la demande avec un certain mépris. Les Anglais étaient en pays conquis.

Pour le premier mai de cette même année 1921, deux cortèges juifs furent organisés pour la fête du Travail, l'un qui partit de Tel-Aviv (Unité ouvrière, socialiste sioniste) avec Ben Gourion, l'autre de Jaffa (Parti socialiste ouvrier). Ce dernier d'origine russe et comprenait quelques communistes.

Ces deux cortèges furent l'expression de la réalité du « socialisme juif », d'une part des sionistes socialistes qui militaient pour un foyer juif, d'autre part des socialistes et communistes juifs issus du parti social-démocrate russe contre le sionisme. Quelques Arabes avaient répondu aux tracts des Juifs.

Cela faisait un premier mai compliqué, à la mode européenne quant à ses divisions, auquel une majorité des Arabes de la rue ne comprenait rien, sauf que ces partis étaient suspects à leurs yeux.

Les cortèges se rencontrèrent dans un quartier mixte Manshiya, arabe-juif de Jaffa entourant la mosquée Hassan Bek. C'était un quartier de commerçants arabes. C'était la première fois que les Arabes voyaient un cortège majoritairement de Juifs ; ils le vécurent comme un envahissement.

Les Arabes profitèrent de ce rassemblement pour protester contre l'immigration juive, conséquence de Balfour. Fortement manipulés par des religieux, sembla-t-il, ils auraient accusé les Juifs d'être des bolcheviks contre la propriété, le mariage, la religion. Ces propos, invérifiables, furent le prétexte à des heurts.

Les populations désunies qui se faisaient face eurent envie d'en découdre. Rapidement on en vint à des bagarres, émeutes, pillages... et des morts. Cela se répandit dans les villages voisins. Des Juifs pour la première fois se vengèrent et tuèrent des Arabes.

Les Anglais intervinrent trop tard. Il fallut une semaine pour rétablir l'ordre.

Ces émeutes sont rapportées un siècle plus tard avec des documents et photos d'époque par Oren Kessler, sioniste, dans *The Times of Israël* le 28 mai 2021 (*Émeutes de Jaffa de 1921 : La première attaque de masse en Palestine mandataire. Parmi les 150 victimes figurait le géant de la littérature hébraïque Yosef Haim Brenner, enterré dans une fosse commune à Tel-Aviv avec des dizaines d'autres Juifs massacrés*). Article qui reprend le rapport officiel qui fut fait.

En effet le journal écrit, d'après le rapport Hayraft qui suit, demandé par la Grande-Bretagne : « *Et ce fut, pour le mouvement sioniste,* <u>un tournant</u> *dans sa perception de la « question arabe » et de sa propre relation à la force armée et aux représailles. La déclaration de Balfour, la conquête du pays par les Britanniques et la fin de la Grande Guerre avaient produit une euphorie dans le mouvement du Yishouv – c'est-à-dire les Juifs vivant dans l'Israël d'avant l'État – le convainquant que les rêves de souveraineté en Palestine étaient* <u>sur le point</u> *de se réaliser. Mais, comme l'écrit l'historien israélien Benny Morris, « la violence massive de 1921 a laissé une impression indélébile sur les sionistes, leur faisant prendre conscience de la précarité de leur entreprise* ».

Cette commission Hayraft de 1921 décompta 47 morts juifs et 48 morts arabes. Il expliqua qu'après une rixe, les Arabes crièrent « *les Juifs tuent vos femmes* »... Les émeutes dureront plusieurs jours.

Après quoi se créa la « Haganah », une milice juive d'autodéfense.
Le rapport fit état également d'émeutes en 1920, à Nabi Moussa, près de la tombe de Moïse. Les chrétiens voulurent organiser une procession et des désordres s'ensuivirent.
Le maire de Jérusalem appela alors à employer la force contre les sionistes fauteurs de désordre. Des émeutes s'ensuivirent.

Le rapport sur mai 1921, qui procéda à une longue analyse, constata que les Juifs n'étaient plus une minorité discrète comme sous l'Empire ottoman, et que cela changeait tout. Il conclut et cela nous intéresse particulièrement :
« *Nous pensons que beaucoup pourrait être fait pour apaiser l'hostilité existant entre les races, si les responsables des deux camps acceptaient de discuter des questions qui se posent entre eux dans un esprit raisonnable sur la base que les Arabes devraient accepter implicitement la politique déclarée du gouvernement au sujet du foyer national juif, et que les dirigeants sionistes devraient abandonner et rejeter toutes prétentions qui iraient au-delà.*
<u>*Il faut faire comprendre aux immigrés que, quelles que soient leurs prétentions historiques et religieuses, ils sont en fin de compte à la recherche d'un foyer dans un pays actuellement majoritairement arabe*</u>, *et qu'il leur incombe d'adopter une attitude prévenante envers les personnes parmi lesquelles ils doivent souhaiter vivre en paix et en amitié. Les notables arabes, en revanche, doivent faire comprendre clairement aux Arabes qu'ils ne peuvent en aucun cas s'attendre à ce que le meurtre, la violence et le pillage soient tolérés.* » (souligné par nous)

Malgré les bonnes intentions des rapporteurs, nous constatons qu'il est demandé aux Arabes d'accepter la politique du gouvernement du « foyer juif », laquelle est au cœur des risques d'émeute, et qu'il est question de « races » dans ce document. Il y a là un degré de naïveté et de mépris plus qu'étonnant.
Autrement dit les Arabes n'avaient que le choix... qu'on leur imposait.
Face à cela, y avait-il une force politique démocratique capable de faire face et de répondre ?

2) Des forces démocratiques absentes et inconséquentes

Il eût fallu proposer un combat démocratique unitaire exigeant vis-à-vis de la puissance mandataire. Par exemple des droits équivalents pour les populations, entre autres sur la terre. Ce combat aurait pu réunir des militants et non-militants d'origines politiques diverses, Arabes et Juifs. Mais comme nous l'avons vu, la puissance mandataire en accord avec les sionistes n'avait pas prévu d'institutions publiques communes qui auraient réuni Juifs et Arabes. C'eût été le travail de simples démocrates de le faire, ou de communistes démocrates.

Ceux-ci furent absents ou inconséquents.

Le Bund présent en Palestine, aurait-il pu jouer un rôle positif ? Il se disait laïc, internationaliste, marxiste, opposé au nationalisme sioniste, mais il défendait une nationalité pour les Juifs. Il réunissait des ouvriers juifs issus de l'artisanat, mais ne comptait pas de paysans ; il préservait le yiddish comme moyen d'expression entre Juifs. En Europe, en conflit avec les communistes russes, il était pour l'autonomie nationale culturelle pour les juifs et avait ses propres organisations (syndicats, écoles…).

Le parti social-démocrate juif et le Bund travaillaient pourtant ensemble et se réunissaient avec la frange gauche des sionistes. La « gauche sioniste » était une réalité reconnue comme telle au début du XXe siècle. Les bolcheviks de Russie les regardaient tous de travers, et n'avaient rien à proposer depuis la Russie pour établir la paix en Palestine. Ont-ils pris la mesure de ce qui se passait ? Apparemment pas.

Les Juifs pourchassés d'Europe de l'Est se lieront avec les Juifs de Palestine qui avaient construit des fermes. Leurs expériences vont se mêler et toucheront parfois les Arabes.

Des groupes communistes juifs existaient depuis le début du siècle, mais ne semblaient avoir aucune idée d'un fonctionnement démocratique entre eux et avec les Arabes.

Le sionisme pionnier, né en Palestine, voulait faire la synthèse entre le marxisme et le nationalisme juif (vu naïvement comme mouvement d'émancipation pour les Juifs) et fut à l'origine de partis de gauche, sans les Arabes.

Ben Gourion fut à l'origine des « travaillistes » sionistes.

Dans sa jeunesse il vint travailler comme ouvrier en Palestine. Il entra au parti *Poalé Tsion* (« *Les ouvriers de Sion* ») qui alliait le socialisme au sionisme. On le retrouva dans le cortège de Tel-Aviv le 1er mai 1921 du côté des sionistes socialistes. Il fit inscrire dans le programme du parti que « ***le but ultime poursuivi est l'obtention d'une indépendance politique du peuple juif en terre d'Israël*** ». C'était sans ambiguïté. Il faisait partie des juifs pénétrés de culture biblique, et de certitude sur le « peuple élu » de la Bible.

3) Création de groupes communistes juifs et du Parti des Ouvriers Socialistes (MOPS) de Palestine

L'existence de ces groupes communistes est rapportée par Alain Greilsammer (« *Les communistes israéliens* », Presses de la Fondation Nationale des Sciences Politiques, 1978).

Peu nombreux, ils furent immédiatement victimes de la répression britannique après mai 1921, accusés d'avoir créé le désordre.

Les premiers groupes communistes de Palestine dataient de 1906 et étaient juifs. Ils se disaient antisionistes. Ils venaient de Russie lors de la grande immigration de 1904. Ils pensaient que le sionisme était une impasse. Mais ils étaient très attachés au judaïsme dont la Thora (Ancien Testament) ne réfute pas l'idée d'un État juif.

Les bolcheviks russes en contact avec les communistes juifs de Palestine condamnaient à l'avance toute dérive sioniste en leur sein. Or cette dérive était naturellement importante, mais contradictoire. Les bolcheviks eux-mêmes confondaient judaïsme et sionisme. La clarté ne pouvait pas venir d'eux !

Ceux-ci pensaient que l'ennemi principal, dans les combats à venir en Palestine à cette époque, était le sionisme et non pas d'abord la puissance mandataire. Or c'est celle-ci qui permettait au sionisme de s'imposer comme un colonialisme nationaliste. C'était à elle qu'il fallait d'abord s'en prendre.

Les Juifs communistes qui voulaient réconcilier toutes les parties, se verront interdire en définitive de jouer un rôle démocratique. On ne connaît pas de propositions de leur part sur le « vivre ensemble » avec les Arabes. Sans doute leurs options communistes concernaient d'abord les juifs. Mais il nous manque singulièrement de documents écrits sur la période qui va de 1906 à 1920, qui existent sûrement en hébreux.

Les Juifs nouveaux venus après 1920 étaient avant tout des immigrés en perdition. Ceux qui arrivaient d'Europe centrale étaient généralement politisés, mais ne comprenaient rien à la situation en Palestine. Ils étaient sous l'influence puissante du marxisme quand ils étaient russes. Ils constituaient des groupes politiques de toutes sortes et s'opposaient entre eux aussi agressivement que les mêmes groupes en Europe, mais ils avaient l'illusion qu'ils pourraient en Palestine, grâce aux fermes collectives où il y avait principalement des sionistes de gauche, modifier les rapports humains et construire une sorte de socialisme. Ils tombaient en fait sous l'influence des sionistes. Ils ne connaissaient pas la situation générale du Moyen-Orient et les habitants de la Palestine.

Ils s'embauchaient comme ouvriers agricoles dans les vergers tenus par des Juifs immigrés depuis longtemps le long de la Méditerranée et en Galilée. On les trouvait dans le parti Poalei Tsion (les ouvriers de Sion), investi par Ben Gourion. Le Poalei Tsion se définissait par-dessus le marché comme marxiste, encourageant la lutte des classes, la lutte contre les patrons juifs propriétaires de vergers, en ignorant la situation des paysans arabes. C'est-à-dire un mélange des genres extraordinaire.

Les discussions furent intenses entre ceux qui rejetaient en parole le sionisme et ceux qui se disaient sionistes prolétariens.

Alain Greilsammer dit que la pensée communiste palestinienne s'était formée autour des idées du marxiste russe Ber Borokhov et de Meyerson pour fonder le MOPS (Parti des ouvriers socialistes). Mais le premier est mentionné comme sioniste marxiste et il est impossible de trouver une quelconque référence quant au second. Les archives de Greilsammer ne sont pas connues en France. Nous n'avons pu entrer en contact avec lui. Le contenu de la charte du MOPS qui daterait de 1920 reste inconnu. Ses bases sont socialistes, mais également sionistes, même si le rejet du sionisme est déclaré. C'est le problème en continu de tous les mouvements juifs communistes.

Opposé au sionisme mondial, rongé par des rivalités et des divergences, le MOPS fonda le syndicat juif, la Histadrouth, qu'il voulait ouvert aux Arabes à ses débuts. Ce parti éphémère disparaîtra après le 1er mai 1921. En effet il fut dissous par la police anglaise, des militants furent expulsés vers la Russie. Mais les communistes juifs ne disparaîtront pas.

4) Une absence d'orientation sur la question de la terre

Faire la jonction avec la population arabe paysanne constituait le problème pour les communistes. Ils ne furent aidés ni par le parti communiste russe, PCUS, ni par les Arabes eux-mêmes qui dépendaient des grandes familles arabes, ni par le « Congrès des peuples d'Orient » de septembre 1920 (voir ci-dessus le chapitre IV).

Aucun mouvement pour la réforme agraire ne sera être suscité. Les communistes du MOPS furent extérieurs à cette question. Ils ne pousseront pas les paysans arabes à se proclamer propriétaires de la terre et à refuser toute redevance aux féodaux. Les paysans s'aperçurent que la terre n'était plus à eux lorsque celle-ci était vendue à des immigrés juifs.

Les communistes palestiniens ne purent comprendre la question agraire et les revendications paysannes du fait de leurs origines. Mais pas seulement pour cette raison. Les fermes collectives des juifs, sionistes ou non, entravaient l'idée de réforme agraire.

Ils n'avaient visiblement pas discuté de cette question avec des mouvements politiques russes autres que les bolcheviks, tels que les socialistes révolutionnaires (SR) en Russie, et n'avaient pas pris part aux combats des paysans russes. Ils n'avaient pas non plus les moyens de critiquer aisément la politique bolchevique sur la question paysanne. Ils furent en conséquence dans une situation de dépendance politique vis-à-vis des bolcheviks qui avaient renvoyé la « réforme agraire » aux calendes grecques, c'est-à-dire à la faisabilité d'un État communiste (cf. Le congrès des peuples d'Orient, ci-dessus).

Avant l'épisode dramatique de 1921, les marxistes juifs palestiniens, comme les sionistes, décidèrent de se consacrer essentiellement à des communautés socialistes, les fermes collectives, les kibboutz où les paysans arabes pourraient venir, mais pas de façon organisée.

Dès avant le mandat britannique, s'étaient constitués à petite échelle des mouvements de coopération juifs qui s'organisaient de façon autonome. Par exemple, Trumpeldor, militaire juif russe, qui connut Kropotkine, anarchiste russe, fut socialiste anarchisant. Il avait connu les débuts de la révolution russe, il convia de jeunes juifs à s'installer en Palestine comme pionniers. Mais il organisa aussi des groupes d'autodéfense contre les Arabes qui voulaient les déloger dès lors qu'ils avaient acheté des terres !

Nous n'avons pas trouvé d'écrits sur la pensée de ces Juifs qui associaient le socialisme aux seuls Juifs, et l'autodéfense contre les Arabes. Il y aura d'autres orientations. Par exemple, le mouvement autour des Juifs Margaliot-Kalvarsky qui avait acquis des terres en Galilée et prônait la cohabitation directe avec les voisins arabes. Même remarque. Ces gens-là ont-ils laissé des écrits ? Bensoussan autant que Greilsammer nous laissent des appréciations trop brèves et invérifiables.

Il semble y avoir eu plusieurs groupes juifs visant à l'entente avec le voisin arabe. Mais la vision du socialisme juif a eu un aspect excluant. On ne connaît pas assez les expériences des premiers colons juifs.

L'antisémitisme européen aurait-il créé, en contrepartie de la souffrance collective emmagasinée par les Juifs, une sorte d'enfermement qui a refoulé l'existence de l'autre et qui aurait abouti à ce que Hannah Arendt appelle « l'aveuglement » des Juifs face à la présence arabe ou la « question cachée » dont on ne peut débattre et qu'on découvre tardivement ? (Bensoussan p 423). Est-ce exact ? En tous cas, Bensoussan lui-même semble victime de cela. Il évoque la question sioniste en Palestine sur près de trois cents pages avec peu de mots sur la question arabe en général, sauf pour évoquer des expériences ponctuelles de rencontres entre Juifs et Arabes à propos de la terre.

La méfiance fondamentale des Juifs vis-à-vis de l'extérieur, quel qu'il soit, s'expliquait principalement par les pogroms européens qui venaient, y compris des masses révolutionnaires russes contre le tsarisme en 1905-1906, mais également en 1915-16 (Bensoussan). Les Juifs russes en font état dans leurs écrits.

Quantité de Juifs furent de grands internationalistes dans le mouvement communiste. Mais on ne trouve pas pour la période qui nous intéresse d'écrits des Juifs sur la Palestine, ou alors en hébreu ?

Nadine Picaudou, qui se place du point de vue des Arabes pour écrire son « Mouvement national palestinien », évoque peu les désirs des juifs pour la terre dans la période qui nous intéresse et semble méconnaître l'existence d'un parti communiste juif.

Voilà donc la situation très difficile et paradoxale des communistes en Palestine jusqu'à ce qu'ils se trouvent brutalement confrontés à la police britannique en 1921 puis à l'URSS.

Après l'épisode du MOPS, dont l'orientation fut également contestée par les bolcheviks, les communistes juifs s'organisèrent dans le PKP, Parti communiste de la Palestine, mais sous le contrôle direct de l'URSS.

5) Le PKP bolchevisé, aux ordres de l'Internationale Communiste (IC) : la mésentente et l'affrontement comme principes.

L'Internationale communiste condamna le sionisme à son IIe congrès en 1920, mais ne dira rien de la déclaration de Balfour connue depuis 1917, alors que celle-ci était l'application directe de l'idéologie sioniste en Palestine.

L'orientation du PKP était fondée sur une condamnation abstraite du sionisme. S'adressant aux Arabes sur ce terrain-là, les communistes se voyaient répondre « alors chassons les sionistes et empêchons leur immigration »... Ce à quoi les communistes ne pouvaient se résoudre.
Par ailleurs, fallait-il partager la terre au profit des fellahs et (ou) au profit des fermes collectives, ou en embauchant les fellahs comme salariés dans des fermes juives ? Quelle devait être la position du PKP ? Le PKP était un parti propagandiste, un parti d'idées abstraites, mais pas d'action. Il ne fut pas appelé à travailler sur la question des intérêts qui pouvaient être communs entre Juifs et Arabes.
En conséquence le PKP fut réduit à être inefficace. Il eût donc fallu pourtant chercher un point d'accord fort entre paysans arabes et sionistes de gauche sur la question de la terre et contre le mandat anglais. Mais les sionistes de gauche ne voulaient pas vraiment ouvrir les kibboutz aux fellahs.

La lecture de Bensoussan nous a juste permis d'accéder à quelques exemples de rencontre entre Arabes et Juifs (p. 183 et s.), quand ces derniers achètent des terres et constatent qu'elles sont occupées.

Par contre l'existence d'un parti communiste juif en Palestine contraria puissamment, dans son principe, les projets de la Grande-Bretagne. Celle-ci infiltrera tous les mouvements marxistes et sionistes de gauche pour tenter de les détruire.

Cette situation aurait dû provoquer l'exigence de rencontre immédiate entre les Juifs communistes et les Arabes de Palestine pour récuser le mandat de la Grande-Bretagne.

Tardivement les communistes juifs se réuniront non pas avec les paysans arabes, mais avec les nationalistes arabes, sur des bases anti-sionistes, mais pas sur l'essentiel : comment faire échec à la puissance mandataire, comment construire un État commun, comment envisager la question de la terre… ?

Le PKP se contenta finalement de condamner l'immigration juive comme le désiraient ces nationalistes du Comité Exécutif arabe.

Le PKP, inféodé de fait à l'IC est opportuniste, il dénonça des injustices, mais ne fut pas une force de proposition. Même très minoritaire, s'il avait fait des propositions bien ciblées, pour l'ensemble de la population, dans plusieurs langues, propositions discutées si possible à la base, il aurait pu devenir une force de médiation positive, surtout contre le mandataire.

En 1924, le Komintern (la direction de l'IC) fit venir en URSS la direction du PKP. Il l'estima encore trop proche du sionisme. Il l'épura et la renouvela complètement. L'attachement de cette direction à la culture juive fut jugé comparable à du sionisme. Il lui demanda en outre de construire les bases de Partis communistes en Syrie, Égypte, Liban, sur l'orientation définie au Congrès des Peuples d'Orient, c'est-à-dire en privilégiant le nationalisme contre l'Impérialisme, et abstraitement pour le socialisme. Cette proposition administrative ne fut pas suivie d'effets intéressants.

Le mot d'ordre « La terre aux paysans fellahs » ne sera donc jamais débattu et proposé pour la Palestine, entre autres parce que les Juifs voulaient de la terre. Il n'a jamais été question d'envisager des fermes collectives entre Juifs et Arabes par le PKP.

L'absence de débats sur les questions essentielles était porteuse de toutes les violences à venir. Les communistes n'ont pas de propositions. Ils ont peur de se heurter aux nationalistes arabes, qui sont souvent de grands propriétaires, des notables, et ils ont peur des sionistes.

Pourtant les rapports entre les populations auraient pu se construire hors de toute base idéologique, mais sur des questions concrètes comme le partage de l'eau, les puits, les voies de transport, les soins médicaux, les défrichements, des jardins en commun, l'instruction, les points de rencontre culturels… ?

Nous n'avons rien trouvé sur cela.

La question de l'indépendance vis-à-vis de la puissance mandataire n'est posée qu'en termes de combat anti-impérialiste abstrait, et non de façon concrète contre la Grande-Bretagne et sur des revendications précises. Les nationalistes islamistes comme **Amin Al-Hussayni** (sur lequel s'appuya la Grande-Bretagne) y trouvèrent leur compte.

Lorsque le Komintern (L'IC) exigea en 1924 que le PKP aida les paysans arabes à s'opposer à la colonisation des terres par les Juifs (Greilsammer, p 35), et qu'il défendit les droits des ouvriers arabes contre les patrons juifs et anglais, cela se situa en dehors de toute réalité concrète.

Cette orientation confuse ruina non seulement l'idée du communisme, dans l'esprit du peuple palestinien arabe, mais les principes démocratiques les plus élémentaires qui auraient exigé la rencontre et discussion libre de tout a priori.

Il ne resta au PKP, essentiellement juif, qu'à appeler à la révolte des Arabes contre les Juifs… C'est la seule chose qui fut claire, mais absurde.

L'affaire qui suit est emblématique de la situation

6) L'affaire d'Afoula en 1924

C'est Greilsammer qui raconte (Greilsammer, opus cité, p 37).
Le Fonds national juif avait acheté des terres dans la région d'Afoula dans les années 1924 pour y installer de nouveaux arrivants juifs. Des Bédouins y faisaient paître leurs troupeaux. C'était une ré-

gion désertique, envahie de marécages. Les colons juifs désiraient que les Bédouins trouvent d'autres pâturages. Le PKP distribua des tracts et appela les Bédouins à la résistance. Les Bédouins attaquèrent les colons juifs.

Leo Lev, immigré des jeunesses communistes polonaises, témoigna. Il était parti en Palestine rejoindre son frère en 1920 dans une ferme collective, une « kvoutsa » (ancêtre du kibboutz), près d'Afoula.

Des affrontements sanglants se produisirent sous ses yeux entre les colons juifs et les Bédouins arabes en 1924.

Tout se passa au plus mal à Afoula. Greilsammer donna le contenu d'un tract du PKP dans le plus pur style bolchevique : « *La bourgeoisie juive, la Histradouth sioniste, aurait utilisé les ouvriers juifs contre les ouvriers arabes dans leurs objectifs de brigands. Les sionistes socialistes auraient appelé les ouvriers juifs à conquérir les terres des fellahs…* ».

Texte de dénonciation qui ne fit pas état de ce qui s'était passé réellement et n'appelait pas à une médiation.

Greilsammer écrit que probablement le PKP a spéculé sur ces évènements pour trouver des Arabes qui adhéreraient au parti…

Cette histoire d'Afoula a sûrement été écrite en hébreu, en arabe, ou en polonais… mais elle n'est pas traduite, pas connue dans le détail. Greilsammer n'en dit pas assez. Les Juifs des fermes collectives ont-ils tenté de jouer la médiation ? Toujours est-il que la police britannique intervint brutalement, en soutien aux Juifs, et un Arabe fut tué. **Pour Léo Lev et son frère, cette situation fut insupportable : «** *Je ne resterai pas ici si l'on verse le sang arabe !* **».**

Ceci signifie que des Juifs ne furent pas forcément d'accord avec la répression contre les fellahs arabes ou les Bédouins, loin de là.

Leo Lev s'installa alors à Tel-Aviv en 1924 et milita pourtant au Parti communiste palestinien (PKP). Il critiquera la façon dont l'arabisation de ce dernier se fera dans les années 1930. On ne sait rien de plus. Il sera exclu du parti en 1936. Déçu, il s'engagera dans les Brigades internationales…

Ailleurs des colons juifs voulurent embaucher des Arabes dans les vergers et non des Juifs syndiqués. Ceux-ci ripostèrent. Le PKP défendit « *le droit des Arabes à pouvoir manger…* » contre les Juifs. L'épisode fut une nouvelle fois mal raconté.

Nulle part n'apparurent des propositions unitaires pour que les parties en présence se rencontrent et discutent des problèmes. Le principe des bolcheviks était l'affrontement. Dans ces conditions Le PKP ne pouvait rien construire. Il fut une marionnette aux mains de l'IC.

Conclusion

L'absence de discussion avec les Arabes sur le « Foyer juif » caractérise la période. Le refus d'un revers de main méprisant du mémorandum lu en présence de Churchill, blessa les Arabes au plus profond d'eux-mêmes.

Rien d'étonnant à ce que les Arabes aient pu voir les manifestations politiques des juifs du 1° mai 1921 comme des intrusions en pays conquis. Les communistes juifs organisés dans le MOPS furent en porte à faux. Ils firent une erreur sur la désignation de l'ennemi principal qui, dans la période en question, n'était pas d'abord le sionisme (comme le prétendait l'IC), mais la puissance mandataire. Au nom de la démocratie, ils auraient pu trouver un point de jonction avec les Arabes sur le thème par exemple « Abrogation du mandat de la Grande-Bretagne ! Réunissons nous tous, Arabes et Juifs, et discutons de tous les problèmes qui nous divisent ». Mais l'URSS qui prétendait avoir la main sur le PKP n'avait pas cette orientation.

De plus le PKP était dans l'impossibilité d'ouvrir le débat sur la réforme agraire avec les fellahs arabes pour les raisons déjà évoquées.

Le PKP pris au piège de sa soumission vis-à-vis de l'IC (Internationale communiste) ne put jouer le rôle qui aurait dû être le sien : un appel à la rencontre.

La dramatique affaire d'Afoula sanctionna cette situation, et ouvrit la période des émeutes jusqu'à la partition.

Les deux populations maintenues aux antipodes par la volonté du mandataire vont gravement s'affronter.

Chapitre XII

La généralisation des émeutes : vers la partition de 1947

Les émeutes se multiplièrent pour les raisons énoncées précédemment.

Pas de proposition démocratique : « pour un gouvernement national démocratique contre le danger de la partition »

Les communistes, ne s'opposèrent pas au mandat britannique

Et le sionisme de gauche pacifiste sur lequel le PKP comptait, a en fait toujours couvert les colons.

La cohabitation, de plus en plus difficile, se concentra sur les problèmes de l'immigration des Juifs.

1) Les émeutes de 1929

Les émeutes de Jaffa en 1921 témoignaient déjà de la « réussite » des provocations entre Juifs et Arabes (Nadine Picaudou dans « *Le choc colonial et l'islam* », La Découverte, 2006. p.166 et suivantes.).

Selon cette autrice, les Britanniques s'efforcèrent de réinterpréter la déclaration de Balfour, dans le sens le plus négatif.

En 1925, de nouveaux arrivants juifs s'installèrent en ville, ils contribuèrent à augmenter le chômage dans une période de manque de travail... La Grande-Bretagne organisa des travaux publics sous la pression de la Histadrouth pour créer de l'emploi.

Le PKP obtint, dans une situation de désarroi, 10% des voix dans « l'assemblée des élus » de la communauté juive qui existait depuis 1920. Jusqu'à présent ils n'avaient rien fait dans cette structure. Le PKP appela à la constitution d'un front judéo-arabe contre le chômage. Le PKP eut des adhésions arabes. Un parti communiste avait donc toute sa place, pouvait être écouté, et pouvait capitaliser en faveur d'organes communs arabes et juifs... Était-ce trop tard ?

Les évènements tragiques de 1929 se produisirent à partir de cette nouvelle immigration juive.

Le récit détaillé des émeutes dans les grandes villes et Hébron, est donné par Wikipédia de source anglaise « *Les émeutes de 1929* ».

Selon le PKP la bourgeoisie juive et la réaction arabe devaient être désignées conjointement responsables. Mais ce parti n'appela pas à des assemblées pacifiques communes pour maintenir l'ordre ensemble, contre les massacres. Il fut dépassé. Et peut-être pour se protéger, il se joignit aux groupes d'autodéfense juifs, face à la provocation des cercles religieux musulmans fanatiques. Il alla jusqu'à dire qu'il y avait eu pogrom.

En effet les émeutes furent d'une rare violence, au mur des Lamentations, au sortir de la Grande Mosquée. Le Mufti y aurait appelé les paysans le 23 août 29, à attaquer les Juifs (Greilsammer, opus cité p. 57). Du 23 au 29 août, 133 Juifs furent tués par les Arabes et 339 autres blessés, tandis que 110 Arabes furent tués et 232 blessés, la grande majorité par les forces britanniques, conclut la Commission Shaw, minimisant ainsi le rôle des massacres.

Nous nous sommes surtout intéressés aux **raisons des émeutes**. Les Commissions « Shaw » et « Royal Hope Simpson » de 1930 mirent en avant les nouvelles acquisitions de terres par les Juifs et les expulsions de paysans qui s'ensuivirent. Bensoussan (*Les origines du conflit israélo-arabe. Chapitre VI*, Que sais-je 2023) fait état d'une délégation palestinienne à Londres qui demanda en 1930 l'interdiction des transactions foncières au bénéfice des Juifs.

Un auteur espagnol, Nora Togni, écrit : «*L'acquisition de terres agricoles par des immigrés juifs en Palestine, l'expulsion des paysans palestiniens ainsi que l'armement des organisations sionistes amènent les Palestiniens à la révolte. Nombre d'émeutes ont lieu dans les années 1920. Mais à partir des années 1930, la contestation se tourne davantage contre le mandat britannique, en place depuis 1922* » (Nora Togni. *La grande révolte arabe en Palestine, 1936-1939*, 22 février 2021). La commission « Shaw » écrivit que : « *le sentiment d'animosité et d'hostilité des Arabes envers les Juifs qui découlent de la non-réalisation de leurs aspirations politiques et nationales et de la peur pour leur avenir économique* » expliquait pour partie les émeutes. J-B Duroselle fait état de revendications des partis arabes en faveur d'un gouvernement démocratique auprès du haut-commissaire britannique en Palestine en 1935, auxquelles il est proposé un Conseil législatif, loin de ce qui est désiré. Mais ceci fut accepté par les Arabes et refusé par les Juifs

(JB Duroselle, *Histoire diplomatique de 1919 à nos jours*, p 312 Dalloz 1985).

C'est alors que l'IC, l'Internationale communiste, s'exprima de Moscou (opus cité par Greilsammer p. 62, et p. 64), ainsi :

« *Dire que la révolte était un pogrom relève de l'influence sioniste et impérialiste...* »

- « *L'insurrection populaire était dirigée contre l'impérialisme... dans un élan pour une révolution agraire...*
- « *Les fellahs s'étaient soulevés contre l'impérialisme...*
- « *Les sionistes de gauche ont fusionné avec les fascistes juifs.* »

Au total le PKP fut condamné sur la base d'affirmations plaquées et fausses. Les militants quittèrent nombreux le parti, ses cadres s'opposèrent fermement à Moscou, mais la direction du PKP finalement céda à l'IC, publia un tract qui voulait prouver que c'était le sionisme qui divisait les ouvriers arabes et juifs (Greilsammer opus cité p 63). L'IC s'en prit au PKP, nomma (!) un nouveau Comité central à majorité arabe. Les anciens cadres furent rappelés à Moscou, condamnés à des peines de prison et périrent dans les purges.

Les conséquences de cette position de l'IC furent dramatiques. Le PKP fut isolé. La confusion politique organisée, la soumission à cette confusion, pour la défense des intérêts de l'IC, détruisirent à terme les partis communistes de cette région du monde et les militants laïcs, pour laisser la place peu à peu à l'intégrisme religieux et au discours sioniste.

La situation fut d'autant plus grave qu'il n'y eut aucune riposte arabe, autre que nationaliste, c'est-à-dire des notables. Les Palestiniens arabes du peuple n'eurent pas droit à la parole. Les paysans excédés suivirent par tradition les mots d'ordre des grandes familles ou celle des chefs religieux. Ce fait est bien signalé par Nadine Picaudou (Chapitre 1 : *Le Mouvement national palestinien*). Jamais le PKP ne put créer un rassemblement autonome de paysans.

Il est intéressant de citer la position importante, mais opportuniste de Ben Gourion, sioniste ouvrier, s'adressant à ses camarades. Il reconnut le caractère national du mouvement arabe et fustigea ceux qui dans son camp parlaient de voyous ou hooligans arabes. Mais il affirma : « *Notre programme dans l'avenir doit être celui d'un État juif à l'intérieur d'une fédération arabe* », et il dénia au mouvement national arabe toute prétention à la souveraineté sur la Palestine.

Cependant, pour finir il souligna, avec d'autres, le caractère réactionnaire et pogromiste des violences de 1929, puis fasciste... (Bensoussan opus cité. *Histoire du sionisme.* P 631)

Les revendications des nationalistes arabes devinrent celles du PKP (Greilsammer p. 75) :
- Cessation de l'immigration juive et arrêt de toute vente de terres à des Juifs.
- Tout nouvel arrivant juif doit être considéré comme un ennemi.

Sur ces entrefaites, Hitler arriva au pouvoir en 1933. Cela changea le sens des discours !

2) Les émeutes de 1936 à 1939

La lutte du PKP (dont la nature avait changé) contre l'immigration juive atteignit un sommet en 1935-1936 : les immigrés seraient avant tout des capitalistes juifs qui visaient à cacher leurs biens en Palestine en vue d'exproprier les masses arabes.
L'IC et le PKP collaborèrent sur cette base réactionnaire.

Toutes sortes de partis arabes se constituèrent, mais leur base resta les grandes familles. Un parti du peuple se serait fondé sur des adhésions individuelles (Nadine Picaudou p 44). Il en fut pourtant ainsi dans le « parti de l'indépendance » en 1935, où pour la première fois l'adhésion était individuelle. N. Picaudou tient à appuyer sur ce fait, mais précisa que ce parti n'eut néanmoins aucune base réellement populaire. Le PKP n'aida pas ce parti sur lequel on ne sait rien.

À la suite de bagarres entre les deux populations qui firent encore des morts, le Haut Comité arabe (HCA), émanation en principe de tous les partis, présidé par le Mufti de Jérusalem, appela à la grève générale sur trois mots d'ordre (*Greilsammer p 89*) :
- Arrêt total de l'immigration juive
- L'interdiction de toute vente de terres aux Juifs
- Un gouvernement national représentatif palestinien (avec ou sans les Juifs ?).

La grève dura 6 mois. Le HCA (le Haut Comité arabe) était un organe parfaitement réactionnaire, écrivit N. Picaudou (p. 44), mais ce fut la seule émanation politique des Arabes dans une situation où rien n'avait été fait pour qu'une représentation démocratique apparût. Les salariés arabes dans les chemins de fer et les travaux publics furent en porte-à-faux. La grève échoua, mais se continua à travers des émeutes paysannes armées jusqu'en 1939.

Il y a dans ces émeutes des éléments d'authentique colère, mais aussi de l'antisionisme mêlé d'antisémitisme. Les salariés et paysans arabes ne pouvaient faire la différence. Ce n'est pas le PKP qui fera la clarté puisqu'il était sur la position des nationalistes menés par le Grand Mufti et le HCA.

La Grande-Bretagne demanda alors une enquête à Lord Peel pour statuer sur le sort de la Palestine. Elle reprit la méthode de Mountbatten en Inde.

Lord Peel de 1937 se prononça pour la partition. Refus du HCA, un commissaire britannique fut assassiné. La Grande-Bretagne dissout alors le HCA et arrêta ses membres, sauf Al Husseini qui parvint à s'enfuir en Syrie. La guerre civile s'ensuivit.

Les récits de ces terribles moments ont été racontés par les auteurs que nous avons nommés.

3) La partition de 1947 et les hésitations des sionistes

Le rapport Peel fut vivement discuté au sein même du mouvement sioniste qui était très divisé à ce sujet, même après les émeutes.

Le parti sioniste Hachomer Hatsaïr (le MAPAM) vota en bloc contre le partage, de même le Poaleitsion, le Brit Chalom de Martin Buber. Ils proposèrent un **État binational judéo-arabe** (Greilsammer p. 99) que le HCA (Haut comité arabe) avait refusé.

Cette position pour un État binational n'était pas nouvelle. Bensoussan développa longuement les idées des sionistes de gauche à ce sujet dans des pages intéressantes (p. 470 et suivantes). Des droits égaux seraient reconnus aux deux parties. Un foyer national juif, tant désiré, ne devait pas, empiéter sur les droits des Arabes et ne pas être une victoire contre eux. Ce foyer ne devait pas se traduire par un État juif. Ce dernier point est une hypocrisie. Mais L'argumentaire sur un État binational est plus qu'intéressant. Il eût fallu faire du foyer juif un foyer culturel autonome dans un État commun.

Il eût fallu s'appuyer absolument sur cette proposition pour éviter la partition. Mais la Grande-Bretagne était à l'œuvre avec l'URSS. Les États *compradores* arabes créés par la Première Guerre mondiale la suivirent. Si le PKP, contrairement à la doctrine de l'IC, s'était implanté chez les paysans arabes et juifs, un grand mouvement populaire aurait pu agir pour un État binational.

La puissance mandataire aurait dû lancer une consultation dans la population selon le principe : un individu = une voix (Nadine Picaudou). Cela n'eut pas lieu.

Dans cette situation désespérée, se créa une section juive (SJ) communiste à l'intérieur du parti PKP qui acquit une grande autonomie. Ces Juifs étaient révoltés par les options du PKP. La SJ décida de faire de l'entrisme dans les organisations sionistes **contre le rapport Peel**. Ceci indique bien que, dans des marges encore importantes du sionisme, on ne se résolvait pas à la partition du territoire, malgré le danger que représentait le nationalisme religieux arabe, manipulé par le Mufti, c'est-à-dire la Grande-Bretagne ! Le Komintern finit par condamner le Grand Mufti lorsqu'il s'avéra qu'il avait rejoint les forces de l'axe par la Syrie.

C'est alors que l**a SJ dit** « *pourquoi pas un front populaire anti-partage ?* ».

Le PKP envisagea la dissolution de la SJ, mais il était ravagé par les divergences, surtout entre Arabes et Juifs. C'est la SJ qui coupa les ponts et sortit du PKP.

Jusqu'à la guerre, la situation fut très confuse, les différentes parties s'affrontèrent violemment toujours sur les mêmes bases. La Grande-Bretagne limita l'immigration pour calmer le jeu, mais procéda à des arrestations de part et d'autre.

Les négociations entre la Grande-Bretagne et les Arabes reprirent en 1939 sur la proposition d'une minorité juive reconnue dans le cadre d'une fédération arabe, mais l'indépendance serait repoussée de dix ans (Picaudou p. 49). L'Agence juive, majoritaire chez les Juifs et déjà puissamment armée, s'y opposa.

Nous passons sur tous les détails de ces évènements.

Disons seulement que c'est la guerre qui va rapprocher les points de vue de la Grande-Bretagne et d'une partie des Juifs, car ceux-ci s'engagèrent dans la guerre aux côtés des Anglais, étant donné son enjeu antifasciste.

Des fractions communistes ne cesseront de militer pour la coopération judéo-arabe, jusqu'à la fuite du Mufti Al Husseini en 1937, connu pour ses positions fascistes.

Le rôle de ce Mufti, propulsé dans l'histoire arabe par la Grande-Bretagne, et dénoncé très tardivement par l'URSS, fut exploité par la droite sioniste qui expliqua que le mouvement arabe était entaché par ses liens avec le nazisme.

Le PKP scissionna en 1942. Peu après l'IC fut dissoute le 15 mai 1943 (« après avoir rempli sa mission... » !).

Une solution fédéraliste fut proposée pour la Palestine par « l'association éducative communiste » en 1943. C'était trop tard.

Se reconstitua un PC juif en 1944 qui milita pour une Palestine démocratique et indépendante (Greilsammer p. 126), mais expliqua que la solution de la question juive résidait dans « la fin du capitalisme et l'établissement d'un régime socialiste »... c'est-à-dire à une date très ultérieure ! Il se ralliera finalement au « foyer juif ».

Face à chaque question difficile, les communistes réciteront désormais cette ritournelle (« la nécessité de la fin du capitalisme ») pour exprimer leur indigence à militer pour des solutions concrètes immédiates.

Se créa alors un parti communiste arabe opposé au PKP !

En 1947 ce sont la Grande-Bretagne et l'URSS (par la voix de Gromyko) qui vont trancher la question en désignant l'ONU pour réaliser la partition.

En effet la Grande-Bretagne déclara son mandat terminé, et l'URSS, ralliée au foyer juif par le discours de Gromyko à l'ONU le 15 mai 1947, confia la tâche de l'exécution à cette dernière. L'Agence juive refusa la solution fédérale.

Au moment du partage, la population juive représentait un tiers de la population totale. Et elle possédait au grand maximum 11% des terres à la veille de 1945.

La population juive se verra offrir 55% de la Palestine dans le plan de partage. Ce fut un vol de territoire en bonne et due forme. C'est une des plus grandes appropriations du territoire d'un peuple au XXe siècle, qui ne pouvait être suivie que par une expulsion *manu militari* de la population arabe, mais dont personne ne voulait se charger. Les Britanniques décideront prudemment de partir en se refusant à tout transfert organisé du pouvoir.

La notion « d'échange des populations revenait au pas de charge », c'est-à-dire l'expulsion des Arabes de leur pays.

<u>Voici la résolution de l'ONU :</u>
« La résolution 181 adoptée par l'Assemblée générale des Nations unies, le 29 novembre 1947, recommande le partage de la Palestine entre un État juif et un État arabe, en proposant pour les lieux saints un *"corpus separatum"* : 14.000 kilomètres carrés, avec 558.000 Juifs et 405.000 Arabes pour l'État juif ; et 11.500 kilomètres carrés, avec 804.000 Arabes et 10.000 Juifs pour l'État arabe ; 106.000 Arabes et 100.000 Juifs pour la zone internationale qui aurait compris les lieux saints, Jérusalem et Bethléem. Entre les deux États, une union économique, monétaire et douanière était prévue. »

Cette résolution fut adoptée par 33 voix pour (dont les États-Unis et l'URSS), contre 13 et 10 abstentions, la résolution ne sera jamais appliquée dans son entier.

<u>(Contre</u> : Afghanistan, Arabie saoudite, Cuba, Égypte, Grèce, Inde, Iran, Irak, Liban, Pakistan, Syrie, Turquie et Yémen.

<u>Se sont abstenus</u> : Argentine, Chili, Chine, Colombie, Salvador, Empire d'Éthiopie, Honduras, Mexique, Royaume-Uni, Yougoslavie.

<u>Pour :</u> Australie, Belgique, Bolivie, Brésil, République socialiste soviétique de Biélorussie, Canada, Costa Rica, Tchécoslovaquie, Danemark, République dominicaine, Équateur, France, Guatemala, Haïti, Islande, Liberia, Luxembourg, Pays-Bas, Nouvelle-Zélande, Nicaragua, Norvège, Panama, Paraguay, Pérou, Philippines, Pologne, Suède, République socialiste soviétique d'Ukraine, Union d'Afrique du Sud, États-Unis d'Amérique, U.R.S.S., Uruguay, Venezuela.)

Il convient de commenter quelque peu la déclaration de Gromyko au nom de l'URSS qui est un condensé d'hypocrisie. Gromyko indiqua que le système mandataire avait échoué, sans précision. On comprend à ce qui suit que le mandat de la Grande-Bretagne aurait dû s'achever par la constitution « d'un État arabo-juif indépendant, double, démocratique et homogène », mais que la commission Peel en 1937 avait déclaré l'impossibilité d'exécuter ce mandat... Pourtant la Grande-Bretagne avait strictement exécuté son mandat qui était la création « d'un foyer juif » ! On sait que la Grande-Bretagne et l'URSS avaient travaillé consciemment à la division entre Juifs et Arabes en Palestine.

Gromyko, adoptant un discours sioniste, indiqua qu'on devait constater d'une part l'existence de deux peuples, l'un juif, l'autre arabe, ayant tous deux des racines historiques « sur cette terre », et d'autre part que l'Europe avait été incapable de défendre les Juifs contre la violence des hitlériens. Compte tenu de cela, il était légitime de laisser au peuple juif la réalisation de son aspiration à un État.

L'URSS s'était donc rangée totalement en 1947 à l'argumentaire sioniste après avoir déclaré pendant plus de 20 ans que le sionisme était réactionnaire.

La guerre civile se chargea ensuite de l'exécution de la résolution de l'ONU.

4) Vers la création d'Israël le 14 mai 1948

La violence éclata immédiatement entre les Juifs et les Arabes palestiniens soutenus par des volontaires armés de la Ligue arabe. Les États arabes voisins dirent entrer en guerre. Ce qu'ils firent, mais de façon non décisive

Le nouvel État juif fut contrôlé par l'Agence juive fortement armée, entre autres par l'URSS (cf. Wikipédia dans Agence juive) et s'appela en 1948 Israël, un nom issu de la Bible.

La guerre civile dura un an et fut d'une grande violence. L'armée israélienne, aidée de l'Occident, chassa les Arabes des terres où ils habitaient, ce fut la Nakba, 15 000 Palestiniens furent tués et 700 000, plus de la moitié de la population d'avant-guerre, furent déracinés, parqués dans des camps dans les pays avoisinants dont la bande de tiers purgés de leurs habitants.

La guerre eut pour conséquence la conquête par l'armée israélienne de la moitié du territoire assigné par l'ONU à l'État arabe, qui ne se constitua pas. Pour le reste, la Transjordanie s'empara de la rive occidentale du Jourdain qu'elle décida d'annexer en devenant la Jordanie, tandis que l'Égypte administrera jusqu'à la guerre des Six Jours, en 1967, le territoire qu'elle avait conquis : la bande de Gaza.

L'ONU se tut.

Les dirigeants des groupes arabes palestiniens combattants ne cesseront jamais de vouloir récupérer leur pays. Les différents groupes armés actuels sont pour partie issus de là. Mais n'ayant eu que le triste exemple des communistes de l'IC comme « exemples » politiques, ainsi que celui des responsables britanniques pratiquant le double langage, ou des sionistes confus et dissimulateurs, et de plus n'ayant pratiquement jamais entendu parler de démocratie, se corrompirent pour beaucoup d'entre eux, et n'eurent comme objectifs d'avenir que la vengeance, et le partage du pouvoir par la violence, sous le nom de « guerre révolutionnaire » contre les occupants.

Les masses arabes n'eurent jamais leur mot à dire.

C'est alors que les sionistes proclamèrent non pas la « création » d'Israël, mais « **l'Indépendance » d'Israël, le 14 mai 1948,** ce que la communauté internationale a feint de ne pas remarquer. Le mot « indépendance » n'a pas fait l'objet de commentaires. L'État des Juifs devenait indépendant de qui ? Par qui la « Palestine des Juifs » aurait été colonisée ? Par les Anglais ? Par des habitants étrangers à la Palestine originelle depuis plus de 2000 ans !?

La Nakba vécue par les Arabes palestiniens fut-elle la conséquence de la récupération justifiée d'un territoire appartenant aux Hébreux de la Bible ? C'est l'histoire que les Israéliens racontent encore aujourd'hui sans nommer la Bible.

La proclamation « d'indépendance » de l'État israélien par Ben Gourion ne laisse aucun doute sur le caractère du futur État le 14 mai 1948. Son discours proclame le bien-fondé de la création d'un « État juif de la Palestine », ne rejette pas sa composante arabe et se dit ouvert à l'égalité des droits ; mais il s'agit bien d'un État créé sous l'égide de Dieu et de la bible (« le Livre des Livres Éternels »)

Début du discours :

« *ERETZ-ISRAEL (le Pays d'Israël) est le lieu où naquit le Peuple juif. C'est là que se modela sa forme spirituelle, religieuse et politique. C'est là qu'il vécut sa vie indépendante. C'est là qu'il créa ses valeurs tant nationales qu'universelles et qu'il donna au monde le Livre des Livres Éternels. Exilé de Terre Sainte, le peuple juif lui demeura fidèle tout au long de sa Dispersion et il n'a jamais cessé de prier pour son retour pour y restaurer son indépendance nationale. »*

Fin du discours :

« *NOUS DEMANDONS au peuple juif dans sa Dispersion de se rassembler autour des Juifs d'Israël, de les assister dans la tâche d'immigration et de reconstruction et d'être à leurs côtés dans la grande lutte pour la réalisation du rêve des générations passées : la rédemption d'Israël. Confiants en l'Éternel Tout-Puissant, nous signons cette Déclaration en cette séance du Conseil Provisoire de l'État, sur le sol de la Patrie, dans la ville de Tel-Aviv, cette veille de Sabbath, 5 Iyar 5708, 14 mai 1948. »*

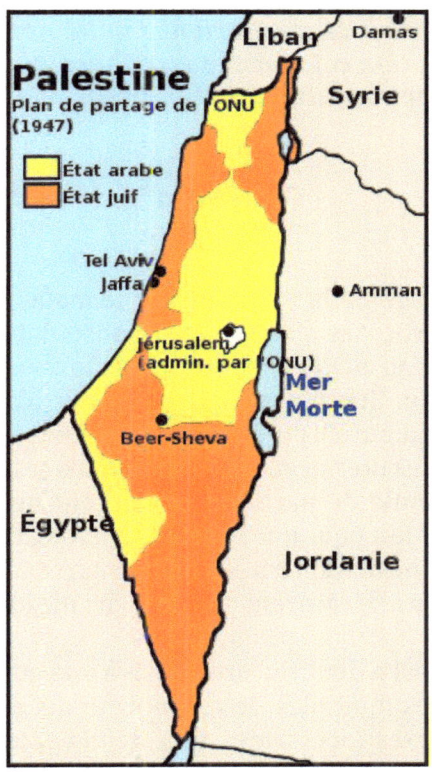

Image de la partition hypothétique de la Palestine en 1947
Source : Wikimédia Communs

La rédaction d'une Constitution devait « être adoptée par une Assemblée constituante pour le 1er octobre 1948 ». Elle n'eut jamais lieu, tant les dissensions entre les religieux et les laïcs empêchèrent sa rédaction.

Une « loi fondamentale » fut adoptée en juillet 2018, fort controversée.

Très tardivement, un peu moins de quarante ans après (!), **le 3 décembre 1982, la résolution 37/43 de l'Assemblée générale des Nations Unies se prononça sur le droit légal des peuples occupés à résister aux forces d'occupation par tous les moyens reconnus. La résolution réaffirma «** *la légitimité de la lutte des peuples pour l'indépendance, l'intégrité territoriale, l'unité nationale et la libération de la domination coloniale et étrangère, par tous les moyens disponibles, y compris la lutte armée* **».**

Conclusion

Le choix du partage de la Palestine par le mandataire provoqua la sidération d'une partie des sionistes. Ils réalisèrent tout d'un coup le choc que cette décision allait engendrer. Et ils proposèrent comme une solution d'urgence un État binational, ce dont ils n'avaient jamais fait état auparavant. Cela aurait pu être une solution sérieuse à débattre. Ils auraient pu en discuter avec les Arabes. Mais les sionistes les plus attachés à une formule de partition craignirent que les Arabes s'en emparent et tout fut fait pour que le refus l'emportât.

Il y eut donc une hésitation sur les méfaits terribles d'une partition.

Les Occidentaux ne se saisirent pas de la proposition.

La création d'Israël a donc ouvert la voie à une guerre civile en continu, à des tentatives multiples de reconquête qui donneront lieu, en réponse, à des guerres incessantes et à de violentes réactions de la part de l'État d'Israël. On entra dans une période de double langage permanent où se construisirent et se développèrent tous les intégrismes, autant juif qu'islamique.

Ce fut donc une Nakba perpétuelle...

Le vingtième siècle fut bien « minuit dans le siècle » selon l'expression de Victor Serge, qui avait inventé cette expression pour exprimer son désespoir face à l'immense désastre du communisme en URSS.

CONCLUSION GÉNÉRALE

« On ne peut s'émanciper qu'en s'émancipant de la religion d'État »
(Karl Marx)

Les Occidentaux ont donc préféré revenir à l'union du politique et du religieux, justifiant par-là l'État ethnoreligieux ou religieux à venir, comme État moderne, susceptible, dans le cas ci-dessus d'être le meilleur soutien et bienfaiteur des Juifs ! Le Juif Karl Marx avait pourtant expliqué le contraire un siècle avant.

Cette préférence justifiera que La Torah (*les 5 livres de l'Ancien Testament qui fondent le judaïsme*) jouera dès 1948 en Israël le même rôle que la Charia dans un État islamique. Le mariage civil y sera interdit, et les registres d'état civil seront tenus par les rabbins et les mollahs.
Il était pourtant acquis dans les démocraties occidentales, même non laïques, que le droit était indépendant de la religion.
La partition de la Palestine et la création d'Israël, sous l'égide de la communauté internationale, furent un recul considérable du point de vue du droit et de l'émancipation des peuples.
On peut dire la même chose pour la Turquie, le Pakistan et l'Inde, et plusieurs autres pays au jour d'aujourd'hui.

Si la Turquie, après avoir procédé dans son histoire à deux ethnocides contre l'Arménie puis contre les Grecs, est devenue une nation indépendante par la guerre, c'est en s'imposant comme un État ethnoreligieux belliqueux face à la Grande-Bretagne.
La Turquie fut incontestablement marquée par le génocide arménien auquel se livrèrent les Jeunes Turcs. Ils le justifièrent, ne s'en excusèrent pas, puis le nièrent. L'Entente ne les condamna pas officiellement. Elle accepta que la Turquie donne au Traité de Lausanne de 1923, sa forme définitive. Le contenu de ce traité est marqué par la promotion du nationalisme religieux, le mépris des nationalités, l'abandon de l'État-nation de type européen pour les nations colonisées, le principe des échanges de populations. **Peut-on se demander**

si le traité de Lausanne aurait pu exister sous cette forme sans le massacre des Arméniens ?

La colonisation brutale de la Grande-Bretagne en Inde a été d'une efficacité redoutable pour détruire culturellement, socialement et économiquement un concurrent qui vendait des tissus de grande qualité dans le monde entier dès avant le XVIIe siècle, et pour préparer les futurs « accords » de libre-échange à sens unique avec des pays dépendants. Ceci, grâce à l'industrie du métier à tisser mécanique, qui transforma l'industrie de l'Inde en industrie du coton et de la filature. Cela a constitué une régression dans l'art professionnel de la fabrique des tissus, et une régression culturelle et artistique considérable.

Cette destruction économique et sociale a été préparée par un pillage préalable du pays. N'oublions pas cependant que l'Occident avait déjà inventé d'autres méthodes coloniales comme la traite des noirs (imitée d'autres traités historiques) pour le juteux commerce du sucre et du coton entre l'Afrique, l'Amérique et l'Europe (le commerce triangulaire).

Il faut revenir sur l'important livre de l'Anglais William Dalrymple (*Le dernier Moghol*, 2006, traduit en 2008. Payot). L'admiration de celui-ci pour le dernier souverain Moghol, Zafar, destitué lors de la répression des Cipayes en 1857, est très émouvante. Il y décrit, après ses recherches dans de nombreuses archives indiennes, en langue ourdou essentiellement, comment ce souverain éclairé et poète était respecté en raison de sa conviction de construire une nation indienne unie dans la tolérance religieuse, face aux britanniques. Il décrit comment les cipayes majoritairement hindous hissèrent le drapeau du djihad sur la principale mosquée de Delhi, lors de la répression sanglante des Britanniques, et se déclarèrent combattants pour la liberté et l'Union... Ce livre est poignant à lire aujourd'hui.

C'est pourquoi la tentative d'éradication, par la Grande-Bretagne, des forces vives et libératrices musulmanes qui jouaient à l'époque dès le XVIIe un rôle d'avant-garde en vue de constituer l'Inde en une seule Nation et un seul État d'un niveau culturel élevé, nous semble particulièrement perverse.

En effet la civilisation indienne, dans toutes ses composantes, entre autres hindoue et islamique, était au XVIIe probablement supérieure aux civilisations occidentales, d'un point de vue culturel, artistique, intellectuel et économique. Elle était pacifique et ne se doutait pas a priori de la dangerosité d'une nation à qui elle avait permis de constituer des comptoirs sur ses côtes.

La Grande-Bretagne, dont les dirigeants n'étaient que des conquérants sans scrupule, joua un rôle dévastateur en Inde et ne laissa que peu d'acquis culturel à part une industrie mécanique qui dépouilla les travailleurs de leurs emplois, de leurs qualifications professionnelles, de leurs outils, de leurs savoir-faire. Elle fit « du producteur un simple accessoire de la machine » et sema la désolation. **C'est Jaime Semprun, le fils de Jorge Semprun qui a écrit que la société industrielle moderne nous entraîne vers l'extinction finale du genre humain**. Il critique de façon sous-jacente le fait que cette vérité a été cachée de fait sous le combat contre la société capitaliste... (*Catastrophisme, administration du désastre et soumission durable* écrit par René Riesel et Jaime Semprun, et publié aux éditions de l'Encyclopédie des nuisances en 2008.)

La colonisation occidentale dirigée par la Grande-Bretagne a interdit, lors de la première guerre mondiale, aux nations « libérées » de l'Empire ottoman, et à l'Inde, de pouvoir accéder à l'État-nation européen, tant convoité, en imposant des États *compradores*, ou des nations subordonnées à caractère religieux. **Elle permettait ainsi la continuité d'un asservissement postcolonial**. C'était une façon d'interdire à l'avance la laïcité, ou du moins la séparation du politique et du religieux, gage de la poursuite d'un développement intellectuel et culturel.

La nécessité de la prédominance de la force du religieux sur la vie civile, a été instillée par la Grande-Bretagne et a rigidifié une soi-disant identité ethnoreligieuse, pour, par exemple, jeter l'anathème sur l'islam, monothéisme jugé sans le dire inférieur au christianisme et au judaïsme. C'était d'autant plus grave que l'islam était la religion la plus répandue en Orient et au Moyen-Orient.

La conséquence a été de privilégier l'interprétation en « conflits religieux » dans les conflits politiques, et de préparer des guerres dites religieuses dans tous les pays de la région.

Il serait injuste d'oublier la France en tant que colonisateur impitoyable à la même époque. En effet les forces armées françaises présentes en 1919 en Syrie pour la « libérer » de l'occupation ottomane, refusèrent à Fayçal, par la voix de Clémenceau, la création d'un Royaume arabe indépendant, mais obtinrent un mandat de fait de la

France sur la Syrie, puis de droit par le traité de Lausanne. Les Druzes prirent la relève des Arabes et combattirent pour obtenir l'indépendance. La France bombarda Damas et détruisit le quart de la ville en 1925.

Les Syriens ne désarmèrent pas et exigèrent l'indépendance en 1932, puis en 1936 à l'aide d'une grève sans précédent. La France refusa... Il fallut attendre l'insurrection syrienne de 1945, où celle-là bombarda Damas et la Syrie, avant de partir en 1946.

Comme en Turquie, cette lutte fortifia le nationalisme syrien et ouvrit la porte aux « Frères musulmans » qui se constituèrent en Syrie en 1930.

Michel Aflak, nationaliste laïc appela après la guerre à la construction d'une nation arabe, socialiste non marxiste, laïque, mais imprégnée d'islam. Mots antinomiques et porteurs de confusions. Les coups d'État militaires se succédèrent jusqu'à la prise du pouvoir par la famille Assad.

L'Occident dans sa stratégie coloniale pour imposer son pouvoir, acquérir des matières premières, dont le pétrole, avait besoin, dans les pays soumis, d'un système de despotisme passant par un État accompagné le plus souvent d'un parti religieux, unique ou prépondérant, dans lequel le pouvoir judiciaire serait absorbé par un pouvoir exécutif religieux.

De ce point de vue, la dictature imposée par le pouvoir soviétique, fondée sur la confiscation d'une révolution sociale authentique, et sur la destruction de ses organes de démocratie à la base, a affirmé après 1917 la nécessité dite « révolutionnaire » du parti unique et du rejet de la démocratie dont la séparation des pouvoirs est un élément constitutif fondamental. Cette vision des choses au Moyen-Orient ne pouvait qu'appuyer l'existence réelle ou potentielle de l'État religieux.

De plus la non-résolution de la question juive au moment de la Grande Guerre a peut-être été un élément majeur de la genèse de l'holocauste.

En effet, si les juifs avaient enfin été protégés par une loi internationale, et si le traité de Versailles n'avait pas envisagé d'écraser l'Allemagne, transformant les nationalistes allemands en revanchards, peut-être que les fascistes allemands n'auraient pas si facilement accédé au pouvoir, en prenant les juifs comme boucs émissaires. Si nous y ajoutons le traité de Rapallo signé en 1922 entre les bolcheviks vindicatifs vis-à-vis de la Grande-Bretagne, et les nationalistes allemands excédés par le traité de Versailles, le réarmement allemand n'aurait peut-être pas été aussi rapide, et la vengeance aussi « nécessaire ». Ce sont des hypothèses, mais elles permettent d'expliquer une nouvelle forme de colonialisme éradicateur, auquel la Grande-Bretagne, puis les USA (nés dans le creuset de la Grande-Bretagne) ne pouvaient adhérer sur le plan formel, mais dont ils déléguaient les pouvoirs à d'autres qu'eux-mêmes, les sionistes par exemple.

C'est ainsi qu'avec la formation de l'État religieux d'Israël, la question juive, qui avait refait surface avec la déclaration de Balfour, devint une question empoisonnée, déviée de son sujet, dont l'Occident se déchargea sur les Arabes.

Parce que l'Occident accepta le « don de la Bible » par Israël, par la voix de Ben Gourion, dans sa déclaration d'indépendance, il renonça à transmettre la démocratie et fit du contenu de la question juive une imposture.

(Premier paragraphe de la déclaration : *Eretz-Israël [le pays d'Israël] est le lieu où naquit le peuple juif. C'est là que se forma son caractère spirituel, religieux et national. C'est là qu'il réalisa son indépendance, créa une culture d'une portée à la fois nationale et universelle et **fit don de la Bible au monde entier**.*)

Il ne s'agissait plus en effet de lutter pour des droits égaux pour les juifs, mais de leur attribuer, par le privilège de la Bible, un État conforme aux « Écritures », « *À mon peuple Saint, dit Yhawhé, je donne ce pays, chassez en les habitants, prenez leurs maisons...* » (Deutéronum)

Il est utile de rappeler que ceci s'est fait avec l'appui de la Russie soviétique.

Ainsi l'ethnocide, le partage des populations, les épurations ethniques, ne furent plus seulement une possibilité résultant des États religieux, mais devinrent une réalité qui sema le chaos au Moyen-Orient. Les individus furent formatés pour devenir des criminels. Des populations furent dans la croyance qu'il fallait tuer l'autre pour exister.

Dans le Judaïsme et dans l'Islam, on ne trouve pourtant rien de tel.

Ce que les nationalistes allemands revanchards du traité de Versailles avaient réalisé en produisant pour partie Hitler, n'était que la première phase de la réalisation de la barbarie du XXe siècle. La deuxième phase est sous nos yeux au XXIe, elle vient de la vengeance des victimes, elles-mêmes formatées en retour par le discours nazi intériorisé à l'aide d'un État religieux fondé sur la « vérité » des Écritures !

Omer Bartov, historien israélien, déjà nommé, se fit raconter en août 2024 par de jeunes soldats et étudiants israéliens pourquoi, selon eux, il était justifié d'exterminer tous les habitants de Gaza (*texte du 24-8-24 https://www.france-palestine.org/En-tant-qu-ancien-soldat-de-l-armee-israelienne-et-historien-du-genocide-j-ai*). Avec stupeur il a entendu comment, selon ces jeunes, la propagande nazie avait justifié l'élimination des juifs, en leur attribuant la responsabilité de la défaite allemande en 1918 et en les assimilant aux communistes bolcheviques.

Puis, toujours selon eux, les juifs ayant pu faire retour au pays de leurs ancêtres se virent contester l'existence de leur État légué par la Bible, par des factions armées arabes dont le Hamas. Dès lors le discours nazi est projeté contre ceux qui en veulent à leur vie, c'est-à-dire les Arabes, les organisations politiques palestiniennes, le Hamas, les Gazaouis qui sont... des nazis. Il est donc juste de les assimiler à « des animaux humains », comme cela a été dit.

Pour Omer Bartov qui a voulu entendre avec douleur, la réelle douleur des jeunes israéliens, déstructurés par cette propagande perverse extrême, qui pour continuer à vivre, devaient tuer ceux dont ils avaient pris la place ; il y a comme une continuité sans fin dans une vendetta sanglante, tandis que le peuple juif est « condamné à dépendre à jamais du fusil »... Voilà ce à quoi Israël condamnerait les juifs ?

Le combat pour l'émancipation des juifs aurait ainsi adopté, à travers le sionisme, la voie proposée par les colonisateurs occidentaux. Voie qui a suscité en retour un discours nationaliste religieux opposé, l'islamisme, contenant également l'épuration ethnique, contre le colonialisme.

Pourtant l'Occident peut encore combattre pour un droit international fort et clair, pour la défense des juifs, comme pour la défense de toutes les minorités, assorti d'importantes sanctions pour défendre des droits égaux en matière religieuse et culturelle.

Omer Bartov rappelle ce qui figure aussi dans la « déclaration d'indépendance » (p. 2) « *L'État d'Israël sera fondé sur les principes de liberté, de justice et de paix enseignés par les prophètes d'Israël ; il assurera une complète égalité de droits sociaux et politiques à tous ses ci-*

toyens, sans distinction de croyance, de race ou de sexe ; il garantira la pleine liberté de conscience, de culte, d'éducation et de culture… etc. »

Mais il dit ne plus y croire depuis l'assassinat de Yitzhak Rabin. Pourtant il écrit ceci (dans sa déclaration du 24-8-24) : « *Lorsque la première intifada palestinienne, ou soulèvement, a éclaté à la fin de 1987, j'enseignais à l'université de Tel-Aviv. J'ai été consterné par les instructions données par Yitzhak Rabin, alors ministre de la Défense, aux FDI (forces de défense israélienne) de "casser les bras et les jambes" des jeunes Palestiniens qui lançaient des pierres sur des troupes lourdement armées* ».

Yitzhak Rabin, responsable d'un État ethnoreligieux ou religieux, avait intériorisé comme les autres responsables israéliens, la nécessité de tuer ceux dont ils avaient pris la place. On ne réforme pas ce type d'État.

En conséquence les vœux pieux de la Déclaration sont antinomiques avec son contenu général. Ils furent là pour plaire aux Nations Unies en 1948, qui feignirent de s'en accommoder.

En définitive un État religieux ne peut protéger le peuple qu'il prétend défendre, et il ne peut prétendre émanciper les individus par une religion d'État, où les rabbins détiennent l'état civil.

Marx, au XIXe, avait mille fois raison de penser que seuls les mêmes droits pour tous sont la seule voie à suivre, pour libérer les individus des discriminations, et que la véritable émancipation est celle vis-à-vis de toute religion d'État.

Terminons ce texte avec les mêmes termes d'Omer Bartov : *Car, pour reprendre les mots du poète Eldan, « il y a un temps où l'obscurité gronde, mais il y a l'aube et l'éclat »*.

Quand ?

Janvier 2025

Appel de l'auteur

Une analyse globale des phénomènes nombreux de partition et d'épuration ethnique ou religieuse reste à écrire... Je lance un appel aux historiens pour que cette problématique de la partition et de l'épuration ethnique soit reprise et enrichie par ceux qui font des recherches sur l'histoire, par exemple :
- en Afrique du Sud, de la 1° guerre des Boers (1880) à la création de l'Union Sud-africaine (1910) et du régime d'apartheid à la société arc-en-ciel ;
- en Irlande à la même période (indépendance de l'Irlande en 1920), avec une partition de fait entre « catholiques » et « protestants » ;
- dans les Comores avec la partition en 1974 ayant abouti à « Mayotte » ;
- à Chypre en 1974
- en ex-Yougoslavie, la guerre en 1991. (Jusqu'à maintenant encore, des pressions de type épuration ethnique de la part des Serbes ou contre les Serbes)
- dans l'Inde actuelle (« l'Inde aux hindous » de Modi)
- **en Birmanie avec l'épuration ethnique des Rohingyas depuis 2017.**
......

Nous constatons que chaque historien est spécialisé sur son sujet et que trop peu d'études font le lien avec d'autres évènements qui se passent au même moment, comme par exemple le fait que le Traité de Lausanne fut signé par le même gouvernement que celui qui a dû accepter la partition de l'Irlande ou que les partitions de l'Inde et de la Palestine se passent toutes les deux en 1947.

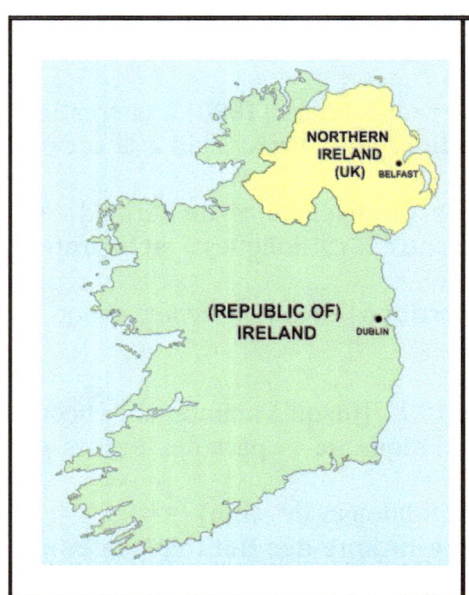

Source : Wikimédia Communs

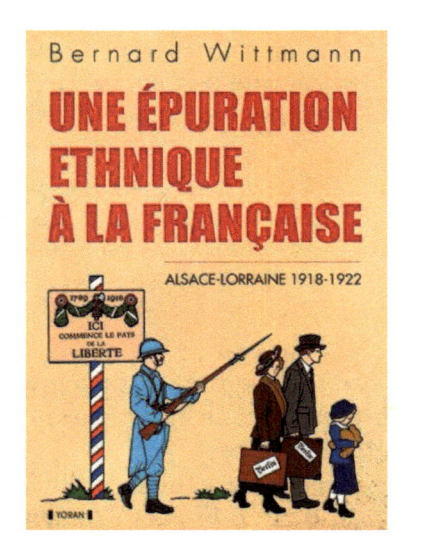

Source : Éditions Yoran Embanner

Annexes

I
Une cohabitation possible en Palestine ?

Nous n'avons cessé de penser qu'une cohabitation était possible et nous proposons ici ce qui était de l'ordre du possible avant la Deuxième Guerre mondiale : des organes d'État indépendants qui auraient piégé le sionisme.

Une vraie organisation communiste si elle avait été indépendante aurait dû se mettre au **service de l'intérêt commun.** Encore fallait-il trouver cet intérêt commun dans la situation décrite précédemment. Elle n'était pas évidente du tout.
La puissance mandataire était rejetée unanimement par tous les Arabes, elle était au service exclusif des Juifs sionistes.
L'idée de chasser par la force les Anglais et les sionistes était une vue de l'esprit. Personne ne voulait de la guerre civile même si certains y étaient prêts et pensaient déjà à la lutte armée.

Que peut-on faire dans une situation semblable pour éviter la guerre civile voulue par le sionisme colonisateur, avalisée par le mandataire britannique ?
Les Juifs communistes auraient pu s'adresser aux sionistes de gauche et modérés et, en accord avec les Arabes modérés, tenir le langage suivant :
   - il n'est pas question de chasser les Juifs qui sont en Palestine, il nous faut tenter de vivre ensemble au mieux.
   - nous pouvons nous entendre pour limiter l'immigration, ou qu'elle ait lieu sous le contrôle d'un organe à définir qui ne soit pas le mandataire.
   - nous n'avons pas besoin de la puissance mandataire pour organiser notre vie commune. Nous pouvons lui demander de cesser d'intervenir.

- il nous faut gérer en commun les problèmes et les conflits, à l'aide d'une force police juive et arabe qui ait du pouvoir, sous un contrôle populaire à définir.
- nous pouvons créer des institutions adéquates de discussions, de décisions, pour gérer l'immédiat, et à terme construire un gouvernement commun.
- discutons d'abord de l'ordre public et de la terre, dans des institutions communes.

Il eût fallu appeler inlassablement à construire **des institutions communes, en s'appuyant sur la majorité paysanne arabe, avec des nationalistes arabes, et les sionistes de gauche :** une école publique commune, en n'excluant pas forcément des écoles privées ; une justice commune, des institutions de santé communes, une police commune, une Université unique, puis un parlement unique.

Il eût été possible de piéger le sionisme par des activités communes utiles à tous.

Le principe du **mariage civil, en exigeant une loi,** votée par un parlement, ou octroyée par le mandataire si celui-ci s'obstinait dans sa présence, eut été une rude bataille, mais elle était essentielle. L'absence du mariage civil fondait le confessionnalisme et l'impossibilité pour les populations de se mélanger. C'est ce qui s'est passé au Liban.

Le problème des langues constituait un problème majeur qui aurait pu devenir une richesse. Les Juifs venaient de pays européens différents, mais surtout d'Europe centrale, ils devaient donc déjà se comprendre entre eux. Rappelons qu'en 1881 un érudit, Ben Yehuda, avait commencé à enseigner « l'hébreu parlé » en Palestine. De plus les Juifs parlaient l'araméen, pas très différent de l'hébreu, et compréhensible par les Arabes. Par contre, les Juifs ne parlaient pas l'arabe, sauf les Arabes juifs ; et les Arabes ne parlaient pas l'hébreu, mais comprenaient l'araméen. Il aurait été intéressant d'appeler à la reconnaissance des deux langues communes l'hébreu et l'arabe, dans des écoles publiques et soutenir l'apprentissage d'une panoplie d'autres langues, l'anglais, le russe, le yiddish...

Principe de la liberté de l'immigration ? Il fallait la limiter en fonction des disponibilités en terre. La libre circulation des personnes est une règle intangible, mais elle pouvait momentanément se négocier.

La vente des terres aurait dû être contrôlée, ainsi que son prix, par des instances élues.

La contrepartie pour les Arabes aurait pu être l'aide financière des Juifs et la négociation pour un travail collectif à tous les niveaux.

Une **charte d'action collective aurait pu se négocier** dont nous résumons le contenu possible :

a) Indépendance de la Palestine avec les populations existantes. Un seul mot d'ordre « Les Anglais hors de la Palestine, Palestine libre. »

b) Un parlement commun et en même temps des Assemblées villageoises et de quartier, communes ou différenciées selon la situation, puis fédération de ces assemblées.

c) Un exécutif unique issu de cet ensemble, indépendant des cultes, révocable sur demande des assemblées.

d) Des cultes divers indépendants du pouvoir politique.

e) Une justice unique avec des juges indépendants, élus moitié par le parlement, moitié par les assemblées.

f) Des hôpitaux et un service de santé commun.

g) Le mariage civil ouvert à tous avant le mariage religieux.

h) Des registres d'état civil d'État.

i) Une constitution unique écartant le communautarisme. Mais une reconnaissance forte des cultures et des religions particulières. Lieux de culture et de culte reconnus. Manifestations, communes, théâtrales, musicales, picturales...

j) Une immigration contrôlée par des instances démocratiques.

k) Des écoles publiques communes, apprentissage commun de l'arabe et de l'hébreu. Écoles des cultes autorisées indépendantes des écoles publiques.

l) La terre aux fellahs et aux travailleurs juifs : négociations avec les grands propriétaires. Occupations communes des terres. Fin des ventes privées.

m) Principe des fermes collectives arabes et juives, autogérées, indépendantes de l'État, mais reconnaissance de l'existant en vue de proposer des fédérations (transitions souples : fermes collectives juives, fermes collectives arabes, transformations progressives des fermes de propriétaires juifs avec salariés en fermes collectives, etc.).

n) Rappel de la demande commune des Arabes et Chrétiens de 1919 et de l'entente, devenues caduques entre Fayçal, fils de Shérif

Hussein, et Haïm Weizmann, en raison de l'opposition de la France et de la Grande-Bretagne. Il s'agissait de la mise en valeur commune de la Palestine dans le respect des revendications de chacun pour le compte de toute sa population dans un cadre indépendant, contre les puissances européennes.

o) Banques autogérées

p) Mur des Lamentations ouvert à toutes les parties. Gestion commune.

Il fallait donc rompre avec la qualification globale des sionistes comme étant obligatoirement des impérialistes (point de vue de l'URSS). Les seuls vrais impérialistes étaient la Grande-Bretagne, la France, les USA.

Les seuls ennemis de classe internes à la Palestine étaient les grands propriétaires terriens, les entrepreneurs exploiteurs, aidés des banques, les sionistes colonisateurs, le mandataire.

Ce programme n'était rien moins qu'un programme démocratique.

II

Le traité de Rapallo

Signé du vivant de Lénine le 16 avril 1922

Par ce traité, l'Allemagne et la RSFS (République soviétique fédérative de Russie) (qui formera l'URSS en décembre 1922) renoncent aux réparations de guerre qu'elles se doivent l'une à l'autre et rétablissent des relations diplomatiques et commerciales (clause de la nation la plus favorisée).

Ce traité permet aux deux signataires de rompre l'isolement dont ils sont l'objet après la Première Guerre mondiale et depuis la révolution bolchevique. Il est négocié par Walther Rathenau et Ago von Maltzan (de), côté allemand, et par Christian Rakovski et Adolf Joffé, côté soviétique. Le juriste Evgueni Pachoukanis participa aussi à son élaboration.

Il met aussi en place une collaboration militaire secrète qui durera jusqu'en 1933 avec des camps d'entraînement allemands secrets en URSS, dont une école des gaz de combat à Chikhany, une école d'aviation près de Lipetsk et un centre d'études et d'entraînement des chars de combat à Kazan.

Par ce traité (précisément la collaboration militaire secrète), l'Allemagne va se réarmer, cet accord constituant alors une entorse grave au traité de Versailles.

Par ce traité, les bolcheviks ne cherchent plus la révolution prolétarienne mondiale, mais la paix entre l'URSS et les pays capitalistes, dont Karl Radek, l'homme à tout faire de Lénine, se fait le chantre. La question est posée : Le traité de Rapallo s'est-il fait contre la révolution ? cf. Pierre Broué Partie III, Chap. XXX Histoire de la révolution allemande).

Source Wikipédia, Duroselle, et commentaires de l'auteur.

III

Le génocide arménien

(D'après l'exposé historique de Jean-Varoujean Gureghian, Préface d'Yves Ternon, « *Le Golgotha de l'Arménie Mineur, Le destin de mon père* », L'Harmattan).

Grâce à la Grande-Bretagne, à la guerre et à l'alliance de la Turquie avec l'Allemagne, le dernier acte du génocide, commencé en 1894, put avoir lieu sous sa forme la plus brutale de 1915 à 1918

Dans l'Empire ottoman, les Arméniens subissaient une discrimination officielle. Ils étaient considérés comme des citoyens de seconde catégorie qui devaient payer plus d'impôts. Ils n'avaient pas le droit de porter des armes (contrairement aux Arabes musulmans), ne pouvaient pas témoigner devant les tribunaux. Dans leur grande majorité, les Arméniens étaient des paysans pauvres qui devaient en plus subir les violences des nomades kurdes armés venant régulièrement les rançonner.

Le traité de San Stephano de 1878 dans son article 16 assurait pourtant la protection des Arméniens. La Grande-Bretagne y vit les prémices de l'indépendance de l'Arménie (à la suite de la Grèce). L'art. 16 fut transformé en art. 61 qui rendit très aléatoire cette protection.

Fort de cela, le grand Vizir déclara en 1879 qu'il ferait disparaître à jamais le peuple arménien.

Le même plan d'extermination se réalisa en trois fois entre 1894 à 1922 avec son point culminant des années 1915-1917.

La révolution des Jeunes-Turcs en 1908 constitua le deuxième temps et se transforma en dictature en 1913 avec Talaat, Enver et Djemal.

Le 29 octobre 1914, la Turquie s'allia à l'Allemagne et entra en guerre contre les Alliés. Le champ était désormais libre. Dès janvier 1915, on désarma les 250 000 soldats arméniens de l'armée ottomane pour les affecter dans des « bataillons de travail ». La déportation et la « solution finale » firent 1 500 000 morts sur 2 250 000 Arméniens.

La retraite de l'armée russe consécutive à la révolution de 1917 permit à la Turquie de lancer une offensive sur l'Arménie orientale russe. Elle fut arrêtée au dernier moment par le peuple turc le 24 mai 1918 à Sardarapat, près d'Erevan.

IV) L'incendie de Smyrne (14 sept. 1922)

Source : Wikimédia Communs

L'incendie de Smyrne, que les Grecs appellent la catastrophe de Smyrne, est un évènement de la Deuxième Guerre gréco-turque. Il détruit la majeure partie de la cité portuaire de Smyrne, aujourd'hui Izmir, en septembre 1922, et cause la mort de plusieurs milliers de chrétiens anatoliens.

Selon plusieurs témoins oculaires, l'incendie aurait éclaté dans le quartier arménien quatre jours après la reconquête de Smyrne par les nationalistes turcs, le 13 septembre 1921. Le feu, qui ravage les quartiers chrétiens, mais épargne les quartiers juifs et musulmans, s'accompagne de massacres.

En une semaine, l'incendie détruit presque tout le quartier chrétien et y fait près de 2 000 morts.

La destruction des quartiers chrétiens chasse de chez eux près de 50 000 à 400 000 autres Grecs qui doivent trouver refuge, dans des conditions très dures, sur la côte durant deux semaines. C'est en effet seulement le 24 septembre que des navires de la flotte grecque sont, en partie grâce aux dénonciations par le consul américain Norton, de l'indifférence internationale face à ce qu'il qualifie de génocide, autorisés à revenir à Smyrne.

Jusqu'au 1er octobre, ces navires évacuent 180 000 personnes, car outre les 50 000 chrétiens smyrniotes, près de 130 000 réfugiés de toute l'Ionie ont également été acculés à la côte. C'est un prélude à l'échange de populations musulmanes et chrétiennes qui a lieu entre la Turquie et la Grèce l'année suivante, selon les dispositions du traité de Lausanne (1923). Dans son ouvrage paru en 1926, *The Blight of Asia*, Horton accuse l'armée turque d'avoir sciemment provoqué la destruction de Smyrne pour rendre impossibles tout retour ou indemnisation des réfugiés expulsés. D'après les historiens, entre 10 000 et 100 000 Grecs et Arméniens ont péri dans ces évènements.

(Source : Wikipédia)

IV

Texte de Yara El-Ghadban du 9 septembre 2024

Yara El-Ghadban romancière et anthropologue d'origine Palestinienne

Que reste-t-il de la Palestine ? Je suis parmi les millions de citoyens du monde qui vous suivent du regard. Vous, les gardiens de l'ordre mondial. Nous cherchons les mots pour dire l'horreur, l'écœurement. Mais je suis romancière. J'écris la Palestine, la vie, l'avenir. J'écris l'utopie qui nous verra construire une société ensemble avec les vivants.

Bientôt un an de génocide à Gaza. Et la Cisjordanie assiégée par les colons et les bulldozers. Que reste-t-il de la Palestine ? Je suis parmi les millions de citoyens du monde qui vous suivent du regard. Vous, les gardiens de l'ordre mondial. Vous qui indiquez le terroriste parmi les milliers de victimes, vous qui éduquez sur le droit d'un État colonisateur de se défendre et le devoir des colonisés de mourir. Vous qui martelez qui est humain et qui ne l'est pas. Nous sommes une constellation de pays, langues, religions, continents. Nous cherchons les mots pour dire l'horreur, l'écœurement.

J'écris 7 octobre, et on m'ordonne d'ajouter les mots terrorisme, Hamas, antisémitisme. Ai-je le droit de citer cette date sans avoir à justifier le massacre de 40000 Palestiniens, taire les milliers de disparus, ignorer la violence des colons, escamoter sept décennies d'expulsion, de colonisation, d'occupation, d'apartheid ? 1139 Israéliens tués le 7 octobre. J'ai eu froid dans le dos. En réponse, le droit d'anéantir un peuple entier. Tapisser Gaza de bombes, lâcher la haine débridée des colons en Cisjordanie. Je me demande alors, avez-vous froid dans le dos ?

Je suis romancière. J'écris la Palestine, la vie, l'avenir. J'écris qu'Ariel Sharon et moi partageons la même histoire, même si nous ne pouvions partager cette histoire que l'espace d'un roman. J'écris l'utopie qui nous verra construire une société ensemble avec les vivants. Malgré tout ce que les Palestiniens subissent depuis 76 ans, je refuse l'identité du peuple persécuté. Cette catégorie qui nous réduit en victimes de l'histoire. Qui élève la souffrance par-dessus l'humanité commune. Quand ma souffrance rend le visage de l'autre monstrueux, je répète les mots de Darwich :

Si tu avais contemplé le visage de la victime / Et réfléchi, tu te serais souvenu de ta mère dans la chambre à gaz / Tu te serais délivré de la sagesse du fusil / Et tu aurais changé d'avis : Ce n'est pas ainsi que l'on recouvre son identité[5].

Je vois les visages des otages tués partout sur les écrans, et je me demande s'il y a assez d'écrans pour les 16000 enfants massacrés à Gaza. Terrorisme, Hamas, antisémitisme, Yara. Ne dis pas que le 7 octobre c'est aussi le début d'un génocide. Que ce jour-là, le mot liberté avait aussi résonné dans l'esprit de tout Palestinien, victime du régime colonial israélien. Qu'à côté des scènes horribles d'Israéliens fuyant pour leur vie, il y avait l'image du mur de séparation abattu, de Palestiniens qui pour la première fois depuis des décennies frôlaient leurs terres volées, transformées en colonies et banlieues bien manucurées. ERREUR. Terrorisme, Hamas, antisémitisme, Yara. Enferme-toi dans l'utopie, oublie la vérité.

Pourtant, un autre monde existe. Ce monde où habite la vaste majorité des peuples de la Terre : les 147 États de l'ONU qui reconnaissent la Palestine ; les millions qui voient l'évidence du droit des Palestiniens de lutter contre l'oppression; pour qui le 7 octobre est une date dans une longue histoire de violence coloniale dont ils ont été aussi victimes. Le reste du monde crie : Sortez de votre labyrinthe de miroirs, contemplez l'horreur que vous produisez.

Vous n'êtes pas le monde, vous êtes des naufragés, aliénés de votre propre humanité. Vous ne trompez personne. Nous entendons ce que vos discours emmitouflés de vertus camouflent. Pourquoi suffoquer lentement Gaza, quand les bombes de deux tonnes sont si efficaces ? Pourquoi soumettre Israël à la lourdeur de l'entreprise coloniale en Cisjordanie, alors que l'État peut tout accaparer et nous débarrasser de cette épine dans le pied qui traîne depuis cent ans ?

Comme ils semblent bénins aujourd'hui ces mots : blocus, occupation, colonisation, même apartheid. À côté des massacres quotidiens, de la famine, du viol, de la torture, des enfants calcinés. À côté des

---

[5] Mahmoud Darwich, État de siège, traduit par Elias Sanbar, Arles, Actes Sud, 2004.

camps de réfugiés rasés. À côté des journalistes assassinés. Comme ces mots semblent inodores à côté des relents de sang et de chair qui collent à vos vestons.

Bientôt un an de génocide en diffusion continue et nous avons appris, nous les Palestiniens, à nous saluer autrement. Comment va ta dévastation ? demande le poète Fady Joudah. A-t-elle été visitée par un chant d'oiseau, ce matin[6] ?

Vous êtes le chant de ma dévastation. Me voilà à tenter de rattraper roman après roman un monde qui n'existe plus. Semer ma mémoire de la beauté de la Palestine avant le génocide.

Le bourreau torture pour rendre sa victime méconnaissable. Ainsi il ne voit pas le visage d'un humain, ne trouble pas l'image qu'il a de lui-même, celle reflétée dans le corps qu'il abîme. Le génocide, c'est un acte d'effacement. Effacer les traits pour que rien ne ressemble à celui qui efface. Détruire tout ce en quoi il risque de se reconnaître. Taire l'écho de l'humanité partagée. Éradiquer le passé, le présent pour fabriquer un avenir à un seul visage, lisse et parfumé, comme vos vestons, gardiens de l'ordre mondial.

L'odeur est trop puante. Rien ne pourra la décoller de vos costumes, messieurs, mesdames. La Palestine porte le visage des peuples de la Terre. Elle résonne dans la voix des millions de jeunes qui entendent l'écho de l'histoire, voient dans les corps mutilés de Gaza et les terres rasées de Cisjordanie, les cicatrices laissées par vos projets civilisateurs. Ils scandent : la Palestine a changé l'ordre du monde. Avenir il y aura, et vous y porterez messieurs mesdames le visage du génocidaire.

Faites vos élections, polluez les ondes de vos hypocrisies, pesez les mots comme vous pesez vos bombes. Nous sommes le reste du monde. Nous portons les génocides cachés dans les plis de vos jupes et vos pantalons. Nous parlons toutes les langues. Nous appartenons aux peuples de l'humanité. Fabriquez la mort, les mensonges. Nous fabriquerons la vie, les cerfs-volants.

---

[6] Fady Joudah, "How is Your Devastation Today?" Mizna : https://mizna.org/mizna-online/how-is-your-devastation-today/

Bibliographie

Alhaj W., Dot-Pouillard N. & Rébillard E. : *« De la Théologie à la libération ? Histoire du Jihad islamique palestinien* » 2014, La Découverte.
Ce livre indique comment des révolutionnaires marxistes, égyptiens surtout, se détournent du marxisme pour faire allégeance à Khomeiny.

Al Khalidi Khaled, Université Islamique à Gaza : « *La vente par les Palestiniens de leurs terrains est-elle une réalité ou une fiction ?* » publié le jeudi 27 janvier 2005 sur internet.

Aydin Sultane : « Le réveil des peuples colonisés sous l'égide de la Turquie (1919-1923) », in *Guerres mondiales et conflits contemporains 2013/2*, n° 250, pages 111 à 125.

Azouri Négib : Le « *Réveil de la nation arabe »*, 1905.

Balfour Lord J. : *Lettre de novembre 1917 à Lord Rothschild.*, Archives de l'ONU 1947, republiée par Médiapart.

Bartov Omer : texte du 24 août 2024. (https://www.france-palestine.org/En-tant-qu-ancien-soldat-de-l-armee-israelienne-et-historien-du-genocide-j-ai).

Bensoussan Georges : « *Une histoire du sionisme 1860-1940* » 2002, Fayard.
Un livre monumental avec des références très importantes. On voudrait en savoir encore plus sur les pionniers des kibboutz.

Bensoussan Georges : *Origine du conflit judéo-arabe*. Que sais-je. Chapitre VI 2023.

Blakemor Erin : *La partition de l'Inde,* Publication 5 août 2022, National Geographic.

Carré Olivier : « *Le mouvement national palestinien* », 1977, Gallimard/Julliard.

Chartier Anne-Marie : *La question Pachtoune,* 2010. Rubrique « Afghanistan »,
Site marx21siecle.

Colonna Walewsk Astrid : citée dans la Conférence de Henry Laurens « *Les sociétés musulmanes face à l'Europe »*, mercredi 4 juillet 2012 au collège des Bernardins, dans le cadre du Cycle de L'observatoire de la modernité.

Corm Georges : *L'Europe et l'Orient, de la balkanisation à la libanisation, histoire d'une modernité inaccomplie,* Paris, La Découverte, éd. 2003.

Coquery-Vidrovitch Catherine : *Petite histoire de l'Afrique*, La Découverte, 2016.

Cypel Sylvain, *L'État d'Israël contre les juifs*. La Découverte 2020.

Dalrymple William, *Le dernier Moghol*, Lausanne, Noir sur blanc, 2006. Éditions Payot 2010

Delmaire Jean-Marie : « *Les premiers pionniers Juifs de 1882 à 1904. De Jaffa jusqu'en Galilée* », Septentrion, 1999, PUF.

Deltombe Thomas, *L'islam Imaginaire* », La Découverte, 2005.

Dhar Sushovan : *L'Inde et l'Empire britannique* (www.cadtm.org/L..) *octobre 2019*.

Dignat Alban : « Sur le traité de Lausanne », *Hérodote*, 20 août 2015.

Duroselle Jean-Baptiste. *Histoire diplomatique de 1919 à nos jours*. Dalloz 1985.

Dutt Palm : « *L'Inde Aujourd'hui et demain* ». Éditions sociales, 1956.

Engels Friedrich : *La classe ouvrière en Grande-Bretagne*, 1844, Éditions sociales.

Finkeslstein Israël & Silberman Neil, « *La bible dévoilée, les nouvelles révélations de l'archéologie* », Bayard, 2002.

Gaborieau Marc, *Un autre islam – Inde, Pakistan, Bangladesh*, Albin Michel, 2007.

Genis Vladimir L., « Les Bolcheviks au Guilan (province du nord de la Perse sous domination du Shah) », *Cahiers du Monde russe*, vol 40, n° 3, 1999, pp. 459 à 495.

Greilsammer Alain : « *Les communistes israéliens* », 1978, Presses de la Fondation nationale des sciences politiques.

(Ouvrage clef sur le PC palestinien. Greilsammer est israélien, universitaire à Jérusalem. Il a eu accès à des archives inconnues en Europe. Son livre est extrêmement documenté ; il puise dans les archives lointaines de l'IC, les archives israéliennes, la presse de l'époque, des livres britanniques… Ses citations sont importantes. C'est une somme, dont on n'a jamais fait usage.

Il met en lumière une stratégie dévastatrice de la part du PC palestinien une fois constitué, et surtout sous la coupe de l'IC. Ce livre met en question de fait toute la politique de l'IC.

Lu et relu aujourd'hui, ce livre donne des éléments irréfutables de l'implication soviétique dans la mise en place d'Israël. L'URSS ne s'est pas contentée de reconnaître ce pays, mais l'a porté, au nom, de l'anti-impérialisme, contre soi-disant la Grande-Bretagne.)

Gresh Alain « *Israël Palestine* » Fayard 2007. Réédité 2024.

Gureghian Jean-Varoujean, Préface d'Yves Ternon : « *Le Golgotha de l'Arménie mineure, Le destin de mon père* », 2000, L'Harmattan.

Habache Georges : « *Les révolutionnaires ne meurent jamais* », 2008, Fayard.
(Ce livre du dirigeant du FPLP illustre comment un révolutionnaire, pourtant honnête, ne fait jamais appel aux citoyens de base, mais aux politiques d'État.)

Haycraft : Rapport de la commission Haycraft sur les émeutes de Jaffa, 1921, cité dans *The Times of Israël*.
(Sir Herbert Samuel, haut-commissaire britannique, nomme Amin Al-Husseini grand mufti de Jérusalem comme signe d'apaisement envers les Arabes. Provocation !)

Herzl Theodor : « *l'État juif* », publié en 1896.

Jaffrelot Christophe : « *Les nationalistes hindous* », Paris, Presses de la FNSP, 1993.

Kessler Oren : « *Émeutes de Jaffa* », The Times of Israël du 28 mai 1921,

Laurens Henry : « *La question de Palestine* », tome 1, Fayard, 2002.
(Pour cet auteur, voir également Le Monde diplomatique d'avril 2003.)

Laurens Henry : Le partage du Moyen-Orient, *Le Monde diplomatique*, avril 2003.

Laqueur Walter : « *Histoire du sionisme* », Gallimard, 1994.

Lévy Françoise P. : « *Karl Marx, histoire d'un bourgeois allemand* », Grasset, 1976.

Luther Martin « *Des Juifs et de leurs mensonges* », adresse « *aux Allemands* » 1546, (*Revue de l'histoire des religions, 2017*, commentaires par Pierre Savy)

Mandelstam André : « La Société des Nations et les Puissances devant le problème arménien », 1925, Éd. spéciale de la *Revue générale de Droit international public*.

Mandelstam André : « *Le sort de l'Empire ottoman* », Payot, 1917.

Markovits, Claude : *Histoire de l'Inde moderne, 1480-1950*, Paris, Fayard, 1994.

Markovits Claude : « L'Inde dans l'économie mondiale au XIXe siècle » in *Revue d'histoire du XIXe siècle*, 2018/1, n° 56, pp. 17-32.

Marx Karl : « La genèse du capitalisme industriel », *Le Capital*, Ch. XXXI.

Marx, Karl : Le *discours sur le libre-échange*, 1848.

Marx, Karl : *La question juive*, 1844.

Mohammad-Arif Aminah : *Le choc colonial et l'islam*, 2006, *(de même l'encyclopédie Universalis* sur la partition)

Mukerjee Madhusree : Le Crime du Bengale, la part d'ombre de Winston Churchill. *Le Monde diplomatique*, novembre 2015.

Naveen Kanalu Ramamurthy, *Le droit hanafite dans l'Empire moghol. Institutions, normes et pratiques islamiques en Inde (1650–1700)* Conférence du 14 décembre 2023 au Collège de France).

Perrin Dominique : « D'une guerre à l'autre : le mandat britannique », in *Une guerre, deux peuples,* Les Presses universitaires du Septentrion, 2000 (Open édition).

Perrin Dominique : « La Palestine - Des temps bibliques à la dispersion du peuple juif, 2000 », in *Une guerre, deux peuple,* Les Presses universitaires du Septentrion, 2000 (Open édition).

Picaudou Nadine : « *Le mouvement national palestinien*, L'Harmattan, 1989.

Picaudou Nadine : « Peuple Juif-populations autochtones : les fondements de la domination britannique en Palestine », *in « Le choc colonial et l'islam »*, La Découverte, 2006.

Ravet David : Le juif errant, *La revue Astrobale*, mai/juin 2008.

René Riesel et Jaime Semprun (*Catastrophisme, administration du désastre et soumission durable,* publié aux éditions de l'Encyclopédie des nuisances en 2008.)

Romeo Lisa : « Nationalisme arabe : les origines », dans « *Les Clefs du Moyen-Orient* », 2 mars 2018.

Rondot P. : « *Destin du Proche-Orient* », 1959, Ed. Du Centurion.

ROUXEL Mathilde : *Le panislamisme : fondements et idéologie 1860-1909,* Publié sur internet le 05 juillet 2016.

Sampson Anthony : « *Les sept sœurs ». « Les grandes compagnies pétrolières et le monde qu'elles ont créé ».* Moreau, 1976.

Sand Shlomo : « *Comment le peuple juif fut inventé* », Fayard, 2008.

Saupin Guy, Schnakenbourg Éric : « L'art de la guerre, Les armées britanniques contre les Cipayes », dans *Expériences de la guerre, pratiques de la paix. Première partie*, 2013, Presses universitaires de Rennes.

Savy Pierre : Commentaires sur « *Des Juifs et de leurs mensonges* » (adresse aux Allemands par Martin Luther), *Revue de l'histoire des religions*, 2017.

Sharon Ariel : Reproduction du document écrit par Ariel Sharon dans un article de Yediot Aharonot, publié à Tel-Aviv et repris par *Courrier International* du 12 au 18 janvier 2006.

Site marx21siecle.com. *La question Pachtoune* 2010. Rubrique « Afghanistan ».

Ternon Yves : *Empire ottoman : le déclin, la chute, l'effacement* ». Éd. du Félin, 2002, (ch. 3 et suivants).

Togni Nora. *La grande révolte arabe en Palestine, 1936-1939*, 22 février 2021 internet.

Zins Max-Jean, *Le mécanisme d'une fabrique coloniale : la minorité musulmane du sous-continent indien*. p. 99-112 Presses universitaires de Strasbourg, Albin Michel, 2013.

Zins Max-Jean : Le mécanisme d'une fabrique coloniale : la minorité musulmane du sous-continent indien, pp. 99-112, in Lionel Obadia et Anne-Laure Zwilling (dir.) « *Minorité et Communauté en religion* », Presses universitaires de Strasbourg - Albin Michel, 2013.

Autres références

Article 95 du Traité de Sèvres. Cité par Renée Neher-Bernheim dans *« La déclaration Balfour »*.

Mémoire sur L'Inde dans la Grande Guerre, 2014, Archives du ministère de la Défense.

Résolutions des 4 premiers congrès mondiaux de l'Internationale communiste, 1919-1923. Bibliothèque communiste. Libraire du travail, juin 1934, Réimpression par Maspero en 1969.

Le premier Congrès des peuples d'Orient - Bakou, 1920. Réédition en fac-similé, François Maspero, 1971.

Wikipédia : *Tanzimat, guerre des Jeunes Turcs, Histoire de l'Inde, Mehemet Ali et la soumission de l'Égypte à la GB, le BUND, Le sionisme (Nathan Birnbaum), Ben Gourion, Agence juive… les affrontements de 1929 en Palestine.*

La Déclaration d'indépendance d'Israël (Encyclopédie d'histoire numérique de l'Europe. Avner Ben Amos)

Remerciements

Je tiens vivement à remercier Pierre Bruder, éditeur de Brumerge, sans lequel ce livre ne serait pas édité. Il s'est donné pour principe que tout écrit qui transgresse le « politiquement correct » se doit d'être connu et publié. Que cet acte, qui illustre la vraie tolérance, lui soit bénéfique.

Je tiens à remercier Vincent Plauchu, des « Éditions Université Campus » de Grenoble, pour l'aide critique importante qu'il m'a apportée de chapitre en chapitre, et sans laquelle je n'aurais pu aboutir au texte actuel. Lorsque je lui ai fait lire une première mouture de ce texte qui datait de 2016, il m'a encouragée à le réécrire, ce que j'ai accepté, mais j'étais loin de me douter, en retravaillant une quantité de questions, et en découvrant quantité de textes nouveaux, que j'en viendrai à ce texte.

D'autres amis m'ont apporté leurs points de vue, mais de façon plus marginale...

Enfin, pour la relecture finale, une amie relectrice m'a également fait part de ses précieuses remarques.

Que tous soient ici remerciés.

Anne-Marie Chartier